髙島康司の

未来激変!!

2019〜2024年

Yasushi Takashima
髙島 康司 著
(聞き手 ◉ 喜多見龍一)

はじめに

この本の冒頭部分にも書きましたが、私、ヤスさんの勉強会が滅法面白くて、随分はまりました。ヤスさんのこのライブの面白さを、なんとか本にできないかと思って生まれたのがこの本。言ってみれば、彼の勉強会に参加できない方のための「濃縮拡大版、紙上勉強会、未来激動編」です。

２０１９年を迎えて、今世界は大きく時代のカーブを曲がろうとしています。曲がった先は、今までとはまったく違う風景になっているように思います。

そうした時代には、今まで起きなかったようなことも起きてくる。こうした「大激動期」にこそ、事前に、隠された情報の専門家ヤスさんが予測する未来を聴いておくことには大きな意義がある。どのように、どこに向かっていくのか、私たちに降りかかってきたとき、どう対処したらいいのかを、皆さんに代わって聞きまくりました。

あなたが未来ファンでも、スピ・ファンでも、陰謀ファンでも、世界情勢ファンでも、投資ファンでも、はたまた市井のフツーの人でも、皆さんがサバイブできるよう活用していただけたら幸いです。

著者の高島さんも、この本で随分と自身の手の内を明かしてくださいました。彼がどこから、どのように情報を入手しているのか。彼の情報源はほとんどすべて英語ですが、その極めて高い英語力をどう手に入れたのかも語ってもらっています。

この本は、インタビュー形式で編んでありますので、読者の皆さんがその場にいるかのようなシズル感を大切に、会話体で表現しています。

2019年から、まさに激動の時代に突入していくと思われます。この4~5年をどう過ごすかで、その後が大きく変わるかもしれません。必ずしも悪いことが起こるというよりは、起きてくることを、どう自分が取り込んでいけるか、という視点が大切なような気がします。

難しい話ばかりではなく、第8章には、大予言大会として、未来人や予言者の話も入れてあります。これがめっぽう面白いんですが。

また、この本を編集しているときに、例のカショギ暗殺事件が起きましたので、無理を言って、ヤスさんにその記事を追加していただきました。こちらも、よく調べてあって面白いです。

極めて高い論理性と右脳センスとしてのスピ度が高度に両立した稀なる人材、高島先生。本の宿命で、この情報は取材時の2018年9月時点の情報です。いまは時代が動くのがとても速いので、フォローアップは、皆さん、ヤスさんの勉強会やメルマガなどで追ってください。

巻末のプロフィールのところにそうした情報が載っています。

では、未来を楽しんで。

年号切り変わりの前年、12月吉日
喜多見龍一

高島康司の未来激変！ ２０１９～２０２４年

◉目次

第1章　大国たちの命運。変化するプレイヤーたち。　007

第2章　世界に取り残され、クラッシュしていく日本。　071

第3章　地震と気候変動が、日本を襲う。　105

第4章　世界が激しくシュリンクした後に起こる「劇的経済発展」。　125

第5章　ブロックチェーンが世界の風景を一変させる。　155

第6章　AI・アンドロイド化する世界は、人間の友となれるのか？　199
第7章　リアリティは複層化し、分化していく。　245
第8章　未来が個人に降ってくる。チャネる人たち。　257
第9章　英語力と人が、情報価値を連れてくる。　285

未来激変!!
2019～2024年

話し手◉高島 康司

聴き手◉喜多見 龍一

収録1日目　2018年9月26日

第1章

大国たちの命運。変化するプレイヤーたち。

これからの変化のキーワード、「抑圧されたものの怨念は爆発する」。

喜多見　私がヤスさんに興味をもって、この本をつくりたいと思ったのは、ヤスさんの勉強会がやたらと面白くて（笑）。私は、途中から参加させていただいたんですけれども、もうとにかく行ったら、内容に興奮してしまって、こんな面白いものがあったのかと。

失礼な言い方かもしれませんが、ある種、エンターテイメント性があって、情報の深さや範囲の広さも抜群です。

勉強会の冒頭でもいつもヤスさんがおっしゃっていますが、会の考え方、哲学、切り口が、この本の基調にもなるかなと思いますので、そのあたりから教えていただけますか？

ヤス　勉強会もそうですすし、書いている本も大体一貫した趣旨でやらせていただいています。それは、「抑圧されたものの噴出」というキーワードです。

どういうことかというと、おそらく、社会システムがいろいろな形でだんだん弱くなってくる、その結果、我々の「抑圧された怨念、感情」のようなものが爆発して、その爆発した怨念や感情によって、我々の社会システムそのものが、逆に津波のように流されていくと。

その結果、先のわからないカオス的な世界、そういうものに突入していくという予感が強かったんです。もっともそういう予感を持ったのは、2010年から2012年にかけてアラブ世界で発生したアラブの春。チュニジアで始まりましたが、あれくらいからなんです。これからどうなるか手がつけられないだろうなと思った。

その時は、自分で勉強会はまだ持っていなかったんですが、日本という地は、比較的、相対的に安定していると。その時には「怨念」にまだ日本がそれほど揺さぶられるという状況ではないと思ったので、まだ引いて観ていられました。でも、抑圧されたものの怨念の噴出がどの国でどういう現象を起こしているのか、しっかり観察して、「津波」が日本にやってくるのであれば、その前に、みんなに警告せねばならないと思ったんです。事前にわかれば、何かの対処が可能であろうと、そういう意味で「抑圧されたものの噴出」というようなキーワードを持ったわけです。

喜多見

私もこの2年ほど強く感じていることがあって、そろそろなにか来るなと…。2020年が東京オリンピックですが、なにか危機的な状況が、その前後に来るにちがいないという確信のようなものがあって。

ヤスさんと同じ感覚です。でも、それが一体どこから始まるんだろう、なにを予兆にして、どう展開するんだろう、という感覚が強くあります。

それが経済的危機なのか、天変地異的なことなのかはわからないですが、なにかが起こりそうな感じが強くしています。その強弱が「ドカン！」とくるのか、比較的軽かったね、とおさまるのか、それは定かではありませんが、私は、比較的強いものがくるかなと思っています。私も、どう対処したらいいんだと生活者の視点に落とし込まないと、結局、言っただけになってしまうので、おっしゃるように対処までわかればなと思っています。

今、アメリカは表面的に見たところ絶好調です。もうそろそろ長短金利のフラット化が起こるんじゃないのといわれていますが、現時点ではまだそこまで至っていません。これはヤスさんからこの前聞いたことですが、「２０１９年もまだいいみたいよ」と予言している人もいるらしいですが（笑）。

私自身は、アメリカの覇権は落ちてくるはずだと思っているんですが、いつ、どのへんから始まるものなのかをお話ししてもらっていいですか？

アメリカは今、本当に景気がいいのか？
アメリカの崩壊はあるか？

ヤス　私たちのイメージからすると、金融の崩壊、経済の崩壊というものがあり、民衆の抗議があって、それで混乱するというシナリオは描きやすいと思います。かなり好景気でもこういうことが起こる。

アメリカの中の格差にはすごいものがあります。飯が食えない人たちのために「フードスタンプ」という制度があって、州政府からフードスタンプをもらいスーパーに行くと無料で食糧がもらえるわけです。加工食品は全部ダメですが、パンや肉などの食材はもらえます。最低限生きていくために。でも最近の統計だと、これで生きている人が増加して、今の受給者は約4600万人といわれています。

これはアメリカで唯一の生活保護的な措置といっていいと思いますが。

喜多見 4600万人ということは、アメリカの人口が今、3億人くらいだから・・・。

ヤス そう、3億2千万人くらいですから、その中の4600万人というとすごい数で、約14%くらいになっています。

好景気の中、一方では時給があがり、労働力は雇用が進んで、失業者が少なくなってきていますが、「食えないという格差」がなかなか埋まらない。

それはどういうことかというと、基本的に、「所得の再配分が失敗」しているからです。

一応統計上は、失業していない人が圧倒的に増えています。ただ、もらっている給料では食えない。食えないのに失業者として見なされていない人がすごく増えているんです。

日本でも、非正規の人たちで飯が食えないという人が増えています。あれと同じ感じです。

喜多見　いわゆる失業率のマジックですよね？

ヤス　そうです。アメリカでは、現行の給与で食えないか、もしくは、職を探すのを諦めてしまった人たちを全部合わせた失業率の統計もあります。確かそれだと14~15％になっています。非常に高い失業率です。

ちなみに、僕は、親の仕事の関係で、子どものころ昭和43年に初めてアメリカに行ったんです。1968年ですから、ベトナム戦争の真っ只中でした。4年近くいましたが、そのときのアメリカは、ベトナム反戦運動などがあり政治的には不安定でしたが、すくなくとも生活という点ではいまよりも安定していたと思います。

夫がフォードやGMのような工場労働者だとしても、自分の給料だけで6LDKとかのバックヤード付きの家に住み、乗用車も家族の人数分だけ持っていて、モーターボートも持っている。夫の給料だけでそのくらいの暮らしができた時代なんです。

地域共同体は専業主婦ばかりで、お互いの子どもの面倒も見あうような感じでした。この時期がアメリカの黄金期で、言ってみれば、「奥様は魔女」の時代です。あれが一番いい時期でしたね。

喜多見　そうすると、今のヤスさんの感じだと、アメリカがそんなに零落するような感じは持っていらっしゃらないと？

ヤス　いずれ起こるでしょう。ただ、経済的な崩壊、金融破綻はかなり先までずらされるんじゃないかな、と僕は思っています。

喜多見　そうすると、崩壊は必ずしもアメリカとは限らず、そもそも崩壊ではない可能性もありますけど（笑）。そうなると、今、金利の関係で、新興国がすでにおかしいという兆候もありますね、南米あたりとか。もしくは中国か。そのへんはどうですか？

ヤス　ええ、十分に可能性はありますね。

上：奥様は魔女　下：奥様は魔女の家

次に起こるのは、経済崩壊というより、内戦化で「分裂していくアメリカ」。

ヤス　先ほどのアメリカの話に戻りますが、好景気ではあっても、抗議運動が起こるという状態が生じています。

食えない、そして、トランプ政権に対するすさまじい憎しみ。これが手の付けられない状態になっていて、最近ですと、アメリカの「フーヴァー研究所」という超保守的なシンクタンクがありまして、そこはコンドリーザ・ライス元国務長官はじめ閣僚を多く輩出しているところなんですが、政策立案のシンクタンクですから、極端なことは通常言わない。

でも、つい最近出した記事によると、アメリカの「第二の南北戦争」、内戦が始まっていると。この内戦がどうやって始まったのか、という起源を考査する記事が出ています。その記事によると、アメリカ社会が分裂する可能性は何度もあった。

南北戦争は分裂しているし、その後の68年、69年のベトナム反戦運動の激しい時期。そしてブッシュ元大統領の起こしたイラク侵略戦争の時も、とても大きな分裂がアメリカ内部にあった。リーマンショックの後も、アメリカのすごく大きな格差による分裂、たとえば、オキュパイ運動とか、ティーパーティ運動とかがありました。

しかし、アメリカは幸い、そうした分裂を歴史的に何度も経験してきたので、うまく収めて妥協するというアメリカ的システムがありました。すべてそれでうまく内部を統合し保てていた、ということなんです。この記事によると、今までのもっとも大きな分裂は68年から70年くらいのベトナム反戦の時の分裂だろうと。あれがひとつの臨界点だとすれば、我々はすでにそれをはるかに超えていると言っています。今までのメカニズムでは、どれも無理だというんです。

The Origins of Our Second Civil War

By VICTOR DAVIS HANSON | July 31, 2018 6:30 AM

A Trump supporter holds an American flag at a rally in Madison, Ala., February 2016.

Globalism, the tech boom, illegal immigration, campus radicalism, the new racialism . . . Are they leading us toward an 1861?

How, when, and why has the United States now arrived at the brink of a veritable civil war?

Almost every cultural and social institution — universities, the public schools, the NFL, the Oscars, the Tonys, the Grammys, late-night television, public restaurants, coffee shops, movies, TV, stand-up comedy — has been not just politicized but also weaponized.

記事、「アメリカ第二内戦の原因」

喜多見　そうすると、経済は破綻しないけれども、アメリカの内部が分裂してしまうという感覚ですか？

トランプ派、対、反トランプ派の過激な戦い。

ヤス　そうですね。当然それに経済的な崩壊とか、経済的な困難が加われば、抗議運動はもっと大きくなっていきますが、それは経済状態に抗議するものではなくて、トランプ的な価値観、トランプのアメリカに住むのはイヤだという、「感情の爆発」と「格差に対する怨念」が一体になって噴出する状態です。

現在、反トランプ派の左派、民主党の左派として、その最前線に立っている「アンティファ」という集団があるんですが、これは「アンティ・ファシズム」という語源から来ています。

この集団はものすごく過激で暴力的です。彼らは、「サンダース主義者」（バーニー・サンダースの唱える民主社会主義賛同者）の集まりで、１９６０年末の全共闘のような形です。石投げて、火炎瓶投げて、という。

意外に知られていませんが、アメリカ西海岸のオレゴン州ポートランドはアンティファの拠点なんですね。毎週のようにデモをやっています、棒を持って。ポートランドはアメリカ人憧れの街ですが、なぜそこに住みたいかというと、リベラルだからです。とことん左寄りのリベラル。

大きな中央政府が社会を管理していくという感じのリベラルで、政府の力で社会福祉を実施して格差をなくすべきだというリベラル左派です。ですから、私たちが行くと住みやすいんです。

ポートランドのアンティファ

ドナルド・トランプとは、いったい何者なのか？

喜多見　次に、トランプが何者かをうかがいたいのですが、大統領になった当初は、前のブッシュ息子のアンチとして頑張ってくれるのかなという期待が私たちやアメリカ国民の中にもあったと思います。しかし最近では、変節してきて、「お前は一体誰の味方なんだ？」という疑問がある。ヤスさんはどう考えていらっしゃいますか？

ヤス　トランプ政権が成立した時に、多くのアメリカの知識人が、トランプって一体何者なんだと大きな疑問を投げかけました。一般的な見方では、トランプはアメリカの中東部の没落した製造業の労働者の怨念の力を背景にして出てきた大統領だということになります。言ってみれば、格差であえいでいる貧困層を母体にして出てきた。だから、いわゆる生産拠点をアメリカ国内に戻す、保護貿易主義的な政策をとる、米軍を強化するといったような感じの、没落した中産階層、労働者の利害を代表する政策をやっているといわれてきました。日本ではそう説明されてきましたが、それだと理屈に合わないんです、実は。

なぜかというと、トランプの支持率は直近でいえば、43％。高い時では47％くらいです。没落した労働者階層が住んでいる、アメリカの元の製造業地域、たとえば、ミシガン州やペンシルベニア州などのいわゆる中東部といわれている地域の人口を全部合わせても約16％しかありません。

もっと南に下ると、「バイブル・ベルト」という、いわゆるキリスト教原理主義者、福音派のいるところですが、そこは消極的にトランプを支持しました。

なぜかというと、共和党の候補者だったテッド・クルーズが代表者だったんですが、彼が負けたので、「まぁ、しょうがないか」、といって民主党に入れるわけにはいかないので、トランプを支持した。

ただ、トランプがエルサレムをイスラエルの首都と認定し、米大使館を同地に移転したので、今は熱烈なトランプ支持者が増えています。それでも、それを入れても30％には届かないと思います。

では、残りの支持率はどこから来たのか。おそらく「全米」から来ています。残りの支持率のひとつは、実は全米にいる「陰謀論者」の集まりなんです。

実は「陰謀論信者」たちが、反グローバリストとして、トランプを支えている。

ロスチャイルド家がどうとか、ロックフェラーがどうとか、イルミナティーがどうとか、そうした情報は主要メディアから「陰謀論」として退けられてきました。しかし、911以降、「2020年アメリカは分裂する」（ヴォイス刊）という本にも書きましたが、大きな流れや事件には、詳しく見るといろいろ説明つかないことが多い。

どうも、現在のアメリカは「グローバリスト」（国境を超えた大企業や巨大メディアなども含む、国家を超えたワンワールドにこだわる一派）といわれる一部のエリートに牛耳られている。グローバリストの背後にいるのは、おそらくロスチャイルド家だろう、フリーメイソンも関わっているだろうと。

そのような、言ってみれば、「グローバリストの支配からアメリカを国民の手に取り戻さなければ」と考える国民がいるわけです。

グローバリストのロスチャイルド家を中心としたアジェンダ（課題、目標。「アジェンダ21」など）がある。たとえば「ニューワールドオーダー」の樹立。

ニューワールドオーダーとは何かというと、金融的な崩壊、第三次世界大戦を起こして国民国家を崩壊させる。その後に、いわゆる世界統一政府による統合協定をつくり上げる計画のこと。NAFTA（北米自由貿易協定）やTPP（環太平洋パートナーシップ協定）、世界的な自由貿易協定もみな、その準備なんだと彼らは考えているわけです。

アメリカでは、もはやマスメディアは信じられていない。ますます巨大化していく「ネットメディア」。

アメリカではマスメディアにアンチな「ネットメディア」が巨大化し、その世界観も巨大化しています。アメリカのネットメディアからみると、日本のネットメディアはかなり規模が小さいんですが、向こうのネットメディアは、たとえば、アレックス・ジョーンズ（陰謀論を次々とあばきまくっているアメリカのネットメディア主幹）の「インフォウォーズ・ドットコム」（infowars.com）なんてアクセス数が5億アクセスですよ。

CNNのユーチューブチャンネルのアクセス数を超えています。今やCNNなどの主要メディアの視聴率自体もどんどん下がっていて、ピュー研究所（Pew Research Center）という世論調査機関によると、今現在、主要メディアを信用しているアメリカ人は30％もいない状態です。では皆がなにを観ているかというと、ネットメディア。ネットメディアは最初はネット上の小規模な放送ですが、（視聴者の集まりから）だんだん巨大化して、法人化するようになります。そして次々地上波メディアにまで進出するんです。

アレックス・ジョーンズは、いろいろな既存の巨大放送局と提携して、地上波でも見られるようになっています。そうした例がほかにもたくさんある。

喜多見　アレックス・ジョーンズ（のネット番組）は最近、閉鎖されたそうですね？

ヤス　そうです。アレックス・ジョーンズは今のようにネットメディアによる陰謀論がとても大きくなっていて、ある意味、主流になりつつあるので、それは、反トランプ派や主要メディアにとって最大の脅威ですから、今、大弾圧が始まっています。

アレックス・ジョーンズはユーチューブからもフェイスブックからも閉じられ、ツイッターのアカウントも閉鎖、ペイパルでも現金を受け取れないという、すべての活動を弾圧されたんです。

でも皮肉なことに、彼らにとって、弾圧されたことが一種の「勲章」になっています。やはり私たちは真実だった。勝ってきているから、革命が進んでいるから、弾圧されたんだと。

彼らは熱烈なトランプ支持者です。トランプと一緒に革命をやろうという。

喜多見　アメリカでは、そうした、物事の裏を観ていくという、うねりのようなものがある。その動きとトランプの関係性は、どうなっているのですか？

トランプをどう見るかに、3つの見方があるが・・・。トランプの背後にいる黒幕は誰か？

ヤス　3つの見方があります。
最初の見方は、そういう現象を見ていて、トランプは、「没落してきたアメリカの人々の怨念」、プラス、陰謀論的な「私たちの国を崩されたという感情を持つ人たちの怨念」、そうした怨念をひとつのリソースにして立ち上がってきた大統領だろうと思います。

つまり、没落した中産階層の怨念を代表して、のしあがってきた候補だというのが第1の一般的な見方です。でもそれでは説明できない部分があると、ほかの2つの見方が出てきた。

次の見方は、アメリカの政治を実際に牛耳っているのは、5つのパワーグループで、「軍産複合体」、「ウォールストリートの金融街」、「ネオコン」、「キリスト教原理主義者の福音派」、「エネルギー産業」、これらが「仲たがい」しているというのが第2の見方。

たとえば、ウォールス・トリートの金融街や軍産複合体がクリントンの支持につくと、それに対して、ネオコンや福音派はトランプの支持につくという形で、パワーグループの分裂が結果的にこうした状態になったという見方です。

トランプは、CIAやFBIの背後にいる軍産複合体というパワーグループとずっと戦っている状態だという認識で、これが第2の見方です。この見方も結構強いです。

ただ、第3の見方があります。僕はこの見方が一番、的を射ているかと思うんですが。トランプが大統領に就任した直後に、「ぺペ・エスコバル」(Pepe Escobar) というブラジルの有名なジャーナリストがいて、面白い記事を書いています。

「私がトランプを大統領にした」というマスターマインド (黒幕) の人から連絡があって、代理人が私に話したいと言った。君はいい記事を書いているから、いい情報を教えようという連絡があって、ある情報を教えてもらったと言うんです。

実は、パワーグループによる対立があるようにみえるが、ないんだと。トランプとは我々が「立案して作った政権」なんだと言うんです。

喜多見　ほー。

実は、ほとんど空洞化しているアメリカ軍需産業の技術力。

ヤス　どういうことかというと、アメリカはロシアの軍事力に負けつつあるというんです。アメリカ国内の製造業は現在、空洞化している状態であり、それはアメリカの国力にとって非常にまずい。

軍事産業の基盤は「製造業」であり、アメリカの兵器を国外にある企業に委託してつくるわけにはいかない。

それにはまず、海外にある生産拠点をアメリカ国内に戻す必要があります。強い製造業をアメリカ国内につくり上げて、ロシアに対抗できるような軍事産業を再構築しなければならない。これはアメリカ国民にとってもいい話で、内部の格差がいきすぎたと彼らは言うんです（製造業に従事する人々の零落）。格差がいきすぎると、ひとつの国を分裂させることにもなり、国力を低下させる。

アメリカの製造業をもう一度復活させ、中産階級の所得を上げなければいけない。そして、豊かなアメリカを取り戻さねばならない、というんです。

こうした「強い製造業の国内化」を成し遂げるには時間がかかる。時間的猶予を得るために、ロシアとは停戦したい。今、ロシアと真っ向から戦争するようなことは避けなければいけない。できるだけ友好関係を保ちたいという考えです。

ただ、そのロシアも安易にトランプ政権、現在のアメリカを信用しているわけではないので、ロシアを信用させるにはどうしたらいいのかというと、トランプが「反エリートの政権」であって、本格的にエリートと戦う姿を見せなければいけないというわけです。エリートとは、ＣＩＡとかＦＢＩとかとですね。半端な戦いだと我々が演技しているのがばれてしまうと（笑）。

喜多見 ということは、５つのパワーグループは、実は反目しているわけではなく、利害が一致している、ということですか。

上：ロシアの超長距離地対空ミサイルシステム「S-400」　下：ロシアの極超音速滑空機「アバンガード」

ヤス　そうです、一致しています。
そうすることで、アメリカのロシアに勝てる軍事力を再構築して、最終的には、アメリカの政治的、軍事的、経済的な覇権を再強化し、維持することになるということですね。

トランプの背後にいるのは、おそらく「ロスチャイルド」。

喜多見　さっきおっしゃった有名なコラムニストのペペさんにコンタクトしてきた影の人物。その、トランプの後ろにいるパワーを持った人物というのは、具体的に誰ですか?

ヤス　おそらく、「ロスチャイルド」でしょうね。

ロスチャイルドが背後にいるということは、トランプ政権の閣僚を見るとはっきりしています。

たとえば、ウィルバー・ロス商務長官。彼は「ロスチャイルド銀行」の頭取クラスの人です。

彼とトランプとの付き合いも長くて、トランプは1回1990年代初めに経済的に破綻しています。80年代後半まで不動産ブームでどんどん拡大していったんです

ウィルバー・ロス商務長官

が、80年代終わりから90年代初めまでカジノ産業に手を出した。それがちょうど1987年のブラックマンデーの株式市場崩壊の時で、本当にやられて破産寸前の状態になっています。それを助けたのが実はロスチャイルド銀行なんです。その仲介役をしたのがウィルバー・ロス。現在のトランプ政権の商務長官です。

「誰でもわかる陰謀論」は、成立しない。本当の陰謀は、絶対表面には現れない。

ヤス トランプ自身は、祖父がドイツ出身ですからユダヤ人ではない。名前もスペルで言うと最後にFがついていますので、トランプフなんです。娘婿（クシュナー）はユダヤ教徒ですが。

喜多見 ヤスさん自身は、ロスチャイルド、ロックフェラーなど、あのおじさん（デイビッド・ロックフェラー）は亡くなってしまいましたが、そうしたパワーグループが世界支配層だ、という絵図で考えていらっしゃいますか？

ヤス これは結構難しいんですが、「誰でもわかる陰謀論は成立しない」と思っています、おそらくは。誰でもわかる陰謀論のかなりの部分は、嘘だとはいいませんが、「ミス・リーディング」

（読み間違い）ですね。

大衆をある意味で騙すための与えられたイメージであって、「本来の陰謀論は絶対に表面に現れない」と思います。

よほど情報を深追いしないと、点と線が結びついてくるものではない。単純に今いわれている、ロスチャイルド家がワンワールドオーダーをつくって、世界統一政府をうんぬんという世界は、どこかにあるのかもしれませんが、表面に見えるような単純なシナリオではないと思います。

喜多見 そこを追っていくのは、情報的には結構難しいですか？

ヤス いや、難しいというより、丹念に資料集めをして読み込んでいかないといけません。

ただ、やはり重要なのは、いきなりロスチャイルドにワッとしがみついて、そこから演繹的に（結果から原因を考える）物事を考える思考だと失敗するんです。

そうではなくて、たとえば、ある事件が起こる。今トランプ政権がやっている保護貿易主義や高関税政策などを、背後で誰が立案しているのかを追っていくと、いろいろなシンクタンクが書いた立案書やレポートがたくさん出てくる。

そして、そういうものを書いている特定のグループに出会います。このグループの歴史を調べてみると、実に何年もの長い歴史を持っていることがわかります。彼らはいったい何者だろうと追っていく過程で、グループと外部とのつながりがいろいろと見えてくるんです。

喜多見　グループというのは会社ではない？

ヤス　会社ではないですね。シンクタンクに結集しているイデオロギーのグループです。

喜多見　ヤスさんの中ではよく「シンクタンク」というのが出てきますが、具体的にはどういう機能を持っているんですか？

背後にいて、計画をつくっている「シンクタンク」とは何者か？

ヤス　シンクタンクといってもいろいろなタイプがあって、誰でもつくれるんです。大きく分けると、ひとつにはNGO、NPO系のものがあって、いろいろな形で福祉活動に関わるなど援助系のタイプのシンクタンクもありますし、もうひとつは「政策立案系のシンクタンク」というものがあります。

たとえば、アメリカを代表するようなパワーグループがある。軍事産業複合体だったり、ネオコンだったり、環境保護団体だったり、アメリカの農業団体だったり、いろいろな業界団体がありますす。そういう業界団体にも政策が必要ですが、そうした政策を書くのがシンクタンクです。

喜多見　ということは、国側がそういうシンクタンクにお金を与えて、レポートを買うという関係ですか？

ヤス　いえ、そうではなくて、スポンサーになっている業界団体がクライアントですから、彼らがレポートを頼むわけですね。そこに優秀な人材を集めて、高い報酬を払ってレポートを書かせます。そしてそのレポートを、いわゆる「政策提言書」として、広く活用していくわけです。

アメリカの政権が変わると、背後にいるシンクタンクががらっと変わります。たとえば、ブッシュ元大統領の背後のシンクタンクは大体ネオコン系、軍産系のシンクタンクで、たとえば、「PNAC」（アメリカ新世紀プロジェクト）や極右の軍産系シンクタンクがとても多かった。加えて、「フーヴァー研究所」（1919年設立の公共政策シンクタンク）や、保守本流の「CSIS」（戦略国際問題研究所）もそうです。

でも、それらは大統領がオバマに移行した時全部切られて、がらっと変わってしまうのです。その代わりに全然違ったシンクタンクが来る。環境保護団体だったり、オバマの民主党系のシンクタンクがたくさん入ってきます。

支配系が変わると、シンクタンクのセットが変わり、それらのシンクタンク出身者から「閣僚」が選ばれていくわけです。シンクタンクの権威がそのまま閣僚になる。たとえば、国務省や国防総省などの省庁の局長級のポストになってきます。

喜多見　シンクタンクの出すレポートから、その時の政府が向かっていく方向が見えると。

ヤス　そうです。特定のシンクタンクの政策が採用されたら、選ばれた閣僚とともに、その政策も実現されていきます。

喜多見　ある意味、シナリオですね。

陰謀論より「シンクタンク」。シンクタンクという名の、「シナリオ・メーカー」たち。

ヤス　そうです、シナリオです。

これが第2番目のシンクタンクで、一番重要な系統だと思いますが、もうひとつは純粋な民間のシンクタンクです。ただ、民間のシンクタンクもばかにならないもので、アメリカにはNS

Ａ（アメリカ国家安全保証局）やＣＩＡ、ＦＢＩなどの情報関係の出身者がたくさんいます。加えて米軍の情報関係の出身者も多く、彼らは退職した後、どこにいくかというと、そうした民間のシンクタンクに雇われるわけです。

そうすると、非常に高いレベルの、国家機関を超えるくらいの情報収集力を持った民間シンクタンクが生まれることになり、そういうところが企業に情報サービスを提供することになります。

たとえば、日本のキヤノンみたいな巨大な企業があって、自分たちは「カザフスタンに工場を設けたい」とします。カザフスタンは向こう20年間どのくらい経済が安定して、どのくらいの経済成長が見込めるのか、私たちはどのくらいの投資をしたらいいか、などの質問をすると、2週間くらいして、分厚いレポートが送られてきます。

それはものすごく正確で、大抵は当たります。なぜならば、彼らはシンクタンクの調査員を使い、人間関係のつてをたどって、現地の大統領や閣僚にまで会いに行くんです。そうやって情報収集して、レポートをまとめていくことができるから正確なんですね。

喜多見　一般的に信じられている「ロスチャイルドの陰謀」などといわれるものは、実はもっと奥が深くて、シンクタンクが持っているような深い深い調査がないと、実際のその裏がどうなっているのかはよくわからない、ということですね。

ヤス　そうですね。シンクタンクに結集しているグループというのは、長年同じシンクタンクにずっと居続けるわけです。彼らはいろいろな政権のために、政策を立案し続けます。同一のシンクタンクにいる同一グループの政策は、すべて一貫しています。常に、です。

喜多見　民主党から共和党に移っても、シンクタンク自体は生き続けるわけですか？　両方に情報を出す？

ヤス　そうです。生き続けるし、両方に情報を出します。ただ、たとえば、ネオコン系のシンクタンクであれば、ネオコン系の意見が通りやすい政権のときもあれば、そうでない政権のときもありますけれどね。それでも、ネオコン系シンクタンクはずっと一貫した情報を出し続けますし、特定の人物たちが内部にずっといるわけです、何十年も。

喜多見　ヤスさん自身が、もうシンクタンクみたいなものですが（笑）、今の感覚では、ロスチャイルドの世界支配、ワンワールドみたいなシンプルなものではなく、どういうものだと認識していますか？

アメリカを裏で規定しているアジェンダ（目標）の歴史。アメリカ一極支配。

ヤス　世界統一政府というのがどこまで言い切れるかわかりませんが、そこまで実証できる資料を持っていません。でも、はっきりしているのはこういうことです。

簡単に説明すると、１９９０年12月にソビエト連邦が崩壊します。これは、ネオコン系のシンクタンクがつくりあげた政策がうまくいって、ソビエトを追いこんで、崩壊させることができたわけです。

ちょうどソビエトが崩壊した2年後の１９９2年頃から、アメリカの一極支配になった。どのようにアメリカが世界を一極支配できるようになったかというと、まずアジェンダ（計画）ができます。それを書いたのが、「ポール・ウォルフォウィッツ」というネオコン系のリーダーの一人です。まずそれがクリントン政権に提案されます。クリントン政権は、それを部分的には容認しながらも、基本的には拒否するわけです。

ポール・ウォルフォウィッツ

アメリカの製造業を捨て去る決断をした、クリントン政権。

92年ごろに提言されたウォルフォウィッツの、いわゆる「アメリカ覇権強化戦略」は、アメリカの一極支配をどうやって築いていくかという内容ですが、クリントン政権（92年〜）下の8年間では無視された状態になります。その結果、クリントン政権時の外交政策の基本方針がまったく見えない状態でした。

アメリカは当時、（クリントンの前の）ブッシュ（父）政権が遺した巨大な財政赤字、貿易赤字があった。クリントン政権は、その財政赤字を黒字にすることに専念した政権で、結果的にそれに成功します。

クリントンは8年間で、たとえばインターネットのインフラをすべて創り上げています。「スーパーハイウェイ構想」といいますが、それが成功して、アメリカはいきなり景気回復していきました。

ちなみに、この時クリントンは、アメリカの「製造業を完全に捨て去る決断」をしたんです。すなわち、アメリカは、製造業では国際的な競争力がもはやない、食えない。では、どうやって食べていったらいいかというので、金融産業を中心にしようと。ウォール・ストリートを中心にして、自由貿易を強化して、世界からお金がどんどん回ってくるような資金循環をつくっていくわけです。

それがその後「リーマンショック」の破綻につながる金融システムの土台になっているわけですが、いずれにせよ8年間のクリントン政権は、外交は無視して内政に専念した政権といえます。

ネオコン系シンクタンクの興隆がもたらした「戦争経済」。

そして次の、ジョージ・W・ブッシュ、ブッシュの息子政権になった時に、ウォルフォウィッツのシンクタンクの立案部隊が、みんな閣僚として入って来ます。実質的に彼らが1992年につくりあげたアメリカの「覇権維持戦略」を実現化する方向に一気に進んでいった。それが、911以降に起こったアフガニスタン戦争、イラク侵略戦争、中東の流動化、アメリカの中東支配の強化などの政策で、それらがどんどん実現されていったわけです。

喜多見　（ブッシュ息子の）共和党政権になって、ネオコン系シンクタンクのシナリオがうまく動きだしたと。

ヤス　彼らはあえて共和党、民主党というふうに見ているわけではありません。民主党でも、出て来る候補者を見ていると思います。今回トランプと戦ったクリントンが大統領になっていたら、背後には「軍産系シンクタンク」がついていたでしょう。

もはや周知の事実。イラク侵攻とサダム・フセイン排除は事前に決まっていた。

最近、NHKのBSで「アナザーストーリー」という番組があって、NHKにしてはギリギリまで取材してよい番組をつくっています。その番組のテーマは「サダム・フセイン」でした。フセインを尋問したCIAの元尋問官が出て来るんですが、彼が最後におもしろい事をいうんですよ。「サダム・フセインを倒すメリットはまったくなかった」と。大量破壊兵器がなかったわけですから当然ですが。

彼がいうのは、911直後に、既にブッシュ政権はイラク攻撃計画を持っていたと。このことは、「ウェスリー・クラーク」というアメリカ元NATO軍の司令官だった人がいて、この人が2007年に証言をしています。

私（クラーク）は、2001年9月20日、なにか手伝うことがないかとペンタゴンに行くと、「イラクとの戦争はすでに決まっている。それに7つの中東の国を崩壊さ

ウェスリー・クラーク

せる計画をすでにブッシュ政権は持っている」と告げられる。
では911は一体なんだったのかと。意図的なものだったという仮説は十分成り立つわけです。

喜多見 ヤスさん自身、ツインタワーの崩壊をどう見ていますか？

911の結論は、「制御された爆破」である。

ヤス いろいろ調べたんですが、客観的な事実からみると、あれはやはり内部からの爆発だったと思いますね。

喜多見 そうですよね。

ヤス 2004年に、アメリカ政府がつくった911の調査委員会が1万ページくらいのレポートを出したんです。どうやってタワーが崩壊したのかという。飛行機が突っ込んで火災が起こり、柱が崩壊。上の部分が1万3千トンくらいあると。その重さに耐えられなくなって、次々下へ崩壊していったというんですけどね。
実は、「911の真実を追求する建築家とエンジニアの会」というものがあって、3千人くらい会員がいます。彼らがオフィシャルな説明に対して、疑問を呈しているんです。おかしい、証拠と合わないと。彼らの説明のほうが僕は納得いきます。

政府の説明のとおりでは、崩壊までが早すぎる。だいぶ時間がたってからビルが少しずつ崩壊していくというのならまだ理解できますが、あのような短時間のきれいな縦方向の崩壊はないと。

英語でいうと、「コントロールド・デモリッション」（controlled demolition 制御された爆破）という表現がぴったりくる、これしか説明がつかないというんです。

現実に９１１の破片の中から、プラスチック爆弾に使われるものが出てきたり、その痕跡がたくさんあった。

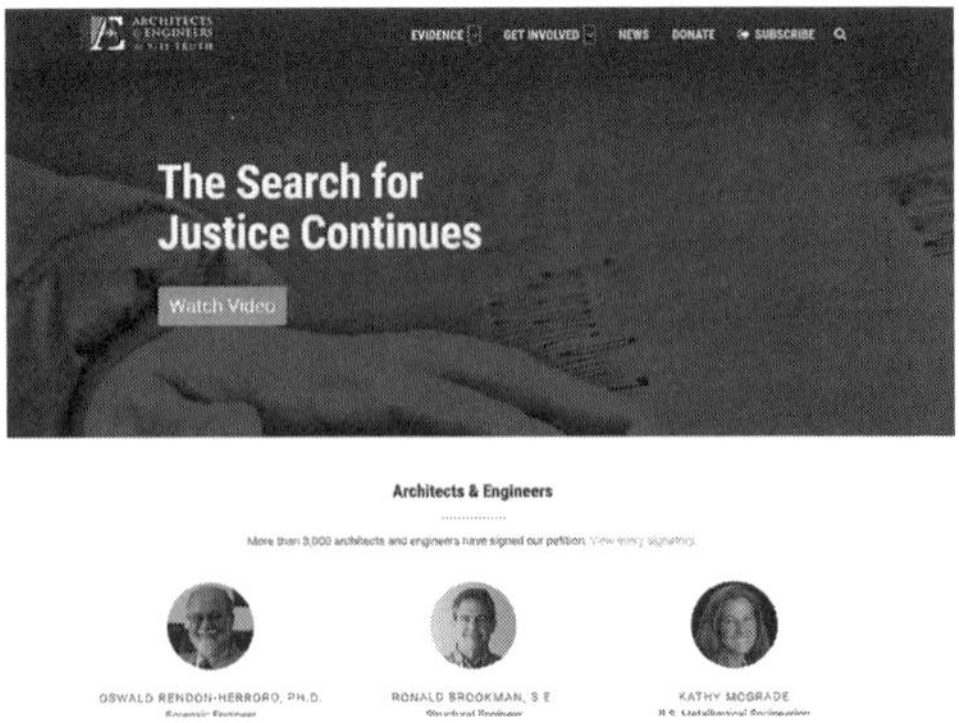

「911の真実を追求する建築家とエンジニアの会」

議論はまだ続いています。政府の説明には無理がある、というのは、倒壊しているのはワールド・トレードセンター２本だけではなく、「ワールド・トレードセンター７」という近くのビルも崩壊しています。

超高層ではなく40階くらいのビルなんですが、ちょっとした火災でビルも無傷なのに、消防車やＦＢＩが入ってきて、ビルのオーナーに言うわけです。「このビルはもうダメだから我々が爆破解体する」と。

でも、何日も前から仕込まなければ、あのビルの解体はできません。となると、内部になにか仕掛けられていたというのが自然だと思いますね。

これから「崩れていく国」はどこか。新興国は厳しいが、世界経済危機の震源地とはならない。

喜多見　経済の話に戻ります。ヤスさんの勉強会にはいろいろな参加者がいらっしゃるように見受けられますが、中には投資家の方もいるようです。ヤスさんの先を見据えた情報が投資に役立つかもしれません。

ここから数年の間に、どこかで経済的にもなにかが崩れるはずだと感じていて、それが中国なのか、新興国なのか、はたまた、中東なのかわかりませんが、そのあたりはどう考えますか？

ヤス　おそらく、新興国が崩れる可能性は十分にあります。ただ、新興国が引き金になるような金融危機にはならないと思います。

ブラジルなど、いわゆる新興国の中でも弱い国から崩れていくことはあるでしょう。財政的に不安定な国です。ブラジルやトルコは、外資に対する依存度がやたらと高い。かつてアジア経済危機が1997年にありましたが、ある意味であの時のタイと同じような状態なんですね。すなわち、外国資本の投資によって、なんとか高い経済成長率を維持している国。そうした国は国内の資本で伸びたわけではない。国内の資本で循環していたのならば、外国資本が引き抜かれようがなにしようが、ほとんど影響ないわけですが、そうではありません。外国資本への依存率が高いわけですから、外国資本はアメリカの利子率が高くなったら、すぐに逃げて行ってしまうので、いきなり経済崩壊を起こす。そして、財政困難になって、リラやペソなどの通貨のフリーフォール、極端な安値になってしまいます。こうした新興国の経済体質を改めないと、同じことは何度も起こってくる。何度も起こってくるけれど、まあ言ってみれば、世界的に経済危機を引き起こすほどの規模には到達しないだろうと思います。

喜多見 なるほど。では中国はいかがですか？　一帯一路で今頑張ろうとしていますが。

いかにも崩壊しそうだが、なかなかしぶとい中国。なぜ、それが可能なのか？

ヤス 中国はやはり十分にバブルが崩壊する危険性はあるし、その予兆はたくさんあると思います。

喜多見　不動産なども、ですね。

ヤス　中国では、不動産バブルもゆうに臨界点を超えていますので、バブルが破たんしてもおかしくない。それと、「陰の銀行」問題（銀行以外の貸付）がありますね。540兆円でしたか、ノンバンクによるシステムが相当にこげついている。

ただ、中国のバブル崩壊の危機については、私は少し違った見方をしています。どのエコノミストもこの20年間、中国に関する予想は、すべて外しています。当たった予想はひとつもない。なぜなら、エコノミストの予想はすべて、「資本主義経済」を土台にした予想だからです。このような金融危機が起こる、なぜならこうした予兆があるからだと。いったん金融危機が起こると周辺分野にまで拡散して、経済は相当厳しい状態まで地盤沈下するだろう、というふうに。すべてを論理的に予想するわけです。しかしそれは、「市場経済であれば」なんですよ。市場経済というのは、もともと政府が「事後的に」管理する。問題が起こってから対処するんですが、中国では、そうじゃない。

喜多見　共産党一党支配ですからね。

ヤス　そうです、共産党一党支配ですので、問題が見えたら、その段階で上からバンと押さえつけて管理してしまう。圧倒的チカラで問題が起こらないようにしてしまうんです。

たとえば、不動産バブルの崩壊があるぞあるぞと、よく言われるんですけど、いつになっても崩壊しない。一体なぜなのか。

面白い話があります。中国政府は不動産バブルがはじけそうになった時、地方都市に逆にどんどん新しいマンション群を建設したんです。中国には、無人の町のようなところがたくさんできてきます。

すると、不動産投資をやっている人たちは今度はあっちだ、と投資資金がそこに流れていきます。でも中国政府は、あんな地方都市にわけのわからない無人の町をつくって大丈夫なのか、と騒ぎ始めますよね。

しかしそこで政府は、食べるのがやっという、内陸部の膨大な人口の農民に、その新築マンションへ移れと言うんです。移ったら「都市戸籍」（農村部の人々は農村戸籍で、高待遇の都市戸籍を常に熱望している）をあげるぞと言ってね。

農村戸籍の人々にとっては、学校も高いし、病院も高いし、さまざまな社会福祉も受けられないけれど、都市戸籍を与えられるといろいろなサービスが受けられる。マンションも安いぞ、買えと言って、誘致して、彼らが働けるような環境もつくるんです。

強制ではないんですが、半ば強制誘致のような形で農村人口を、だーっとそこへ移動させる。数か月前にはまったく無人島みたいだったマンションがたくさん並んでいたのに、数か月後には人でいっぱいになっている。これは資本主義経済ではできないんです。

喜多見 土地も国が管理していますからね。

ヤス そうです。こうやってバブルの崩壊を食い止めているんです。

喜多見 中国もそんなに大きな崩壊はないだろうということになると、一帯一路でかなり拡大しようとしていますから、中国はそれなりに世界勢力図の中で大きな地位を占めていくことになりますね。
そうすると、アメリカは死なないし、中国も死なないし、ロシアも少し拡大するのかもしれないし、いくつかの大国たち、中東なども含めて「群雄割拠する世界」という世界観になりますか？

今後、一番早くやってくるのは「アメリカの分裂」。合衆国が州に分かれるかもしれない。

ヤス はい、それに近いですが、僕は「アメリカの崩壊」が一番早いと思っています。ただ、僕らがいうように、経済破綻があってから内乱状態になって崩壊するというパターンではない。おそらく、「内乱から先に」始まるんじゃないかと思います。景気がよくても。内乱が先に始まって、アメリカの政治が混乱し、ひとつの国にまとまっているのが難しくなるような時期が、僕は2020年代初めにやってくるんじゃないかと思うんです。

喜多見 アメリカは、ユナイテッド（連邦）だから、分裂できるんですよね。

ヤス まさにおっしゃるとおりで、アメリカには「憲法修正第十条」というものがありまして、「各州が連邦から抜け出る権利」を設定しているという解釈もあります。

先日、カリフォルニア州で州民投票をしたら、3割くらいが合衆国から抜けたい、カリフォルニア州の自治権を持ちたいという結果が出ました。

2020年代にはアメリカ経済も危険域に入ると思います。トランプ政権の持つマイナス面が、おそらく現在のアメリカの政治を支え切れなくなる。

儲かった世界のお金が「米国債買い」となって米国を支えるシステム。しかし、それがいま、変調をきたしている。

現在のアメリカ経済はクリントン政権がつくったもので、よくできたものなんです。徹底的に自由貿易主義をやる、どんどんアメリカの市場を開放する。そうすると、いろいろな国々から競争力のある農産物やら工業製品やらさまざまな生産品がやってきます。アメリカ国内の企業はたまったもんじゃない。競争力がないから、バタバタとつぶれていきます。でも、クリントンはつぶれてもいいと判断したんです。もっと自由貿易をしろと。

ここがミソなんですが、自由貿易をやった代金はどの通貨で払うかというと米ドルですよね。ドルは「基軸通貨」ですから。ドルでどんどん払う。ドルを受け取った相手国はどうするかというと、受け取ったドルを、自国通貨、たとえば円なら円に両替できるかというと、できません。なぜかというと、たとえば、膨大な製品を輸出して、膨大なドルを受け取ったとします。ドルを円に交換するという行為は、「ドル売り円買い」ですから、ひどい円高になってしまって、国内の輸出企業にとって相当不利になりますよ。なので、簡単にどの相手国も自国通貨に両替できない。

そうすると、両替できない米ドルを、そのまま米国に返してやるんです。米国に投資して返す。貿易相手国による「米国債買い」です。

喜多見　でも、最近、ヤスさんもおっしゃっているけど、実は、日本も米国債を売っているし、中国も相当量、米国債を売っている。今までは、米国債を売ろうとする政治家は殺されかねない、というような話もあったのに。

ヤス　はい、そうです。売っています。

今おっしゃったように、メカニズムでいうと、保護貿易主義がありますよね、トランプのような。そうすると、海外からの輸入品が減るわけですよ。支払うドルの額もガクンと落ちる。すると、買われる米国債も少なくなるので、米国債が下落する。下落すると、金利が上昇して、経済がうまくいかなくなるという循環に入る。その循環は、もはや読めるわけです。この保護貿易主義だとやばいぞと。だったら、経済連鎖して自分たちのところが損失を食らう前に売っとけ、ということになります。それで中国が売る、日本も売りたいと。売り圧力がそんなに強いわけではないんですが、保護貿易主義のマイナス面で、アメリカの輸入量が明らかに各国間で減ってきたということが見えると同時に、米国債がやばいぞとなって、「米国債売り」になる。これが金融危機の引き金になってもおかしくない、と僕は思いますね。

2020年を過ぎると、アメリカ経済の根幹システムも危険水域に達する。

喜多見　ヤスさん、カメラをずっと引いて鳥瞰図で、これから4～5年をみると、世界のパワーグループというか、国家というか、それらをどういう感じでとらえていらっしゃいますか？

ヤス　アメリカのドルの信任が低下して、特に２０２０年を過ぎると、それは目を覆うばかりになってくるんじゃないかと思います。

すでにアメリカの景気がよい時からですが、アメリカ国内で厳しい内戦状態が発生するのではないかと僕は思います。ですから、アメリカの没落は結構早い。

それと、ヨーロッパも相当厳しい状態になると思います。ＥＵ分裂解体の危機もある。その結果、ＥＵは激しいナショナリズムの渦の中に巻き込まれていくんじゃないかと思います。難民問題もありますし。

中ロ同盟による「中華経済圏」が、世界を席巻する一大パワーグループとなる。

ですから、最終的には、一帯一路で拡大している「中ロ同盟」に基づく「中華経済圏」がきわめて大きなパワーグループとして出現するだろうし、世界のかなりの部分に影響力を行使していくんじゃないかと思います。

喜多見　中国とロシアはわりと近しい関係で生き残ると。

ヤス　だと思いますね、当分の間は。

喜多見　中東はどうですか？

中東では、ロシアの躍進が始まっている。

ヤス　おそらく、長い目でみたら、このままいくとですが、いろいろなシナリオがありますが、ロシアの管轄下に入ってくる。

喜多見　ほー。

ヤス　ロシアが政治的に中東問題の仲介者となり、中国が経済的に統治することによって、いわゆる中東全域を和平化する、平和裡に統合していくという流れなのかと思います。今シリアではロシアが基本的には勝っています。新たな内戦の可能性もありますが、もしこのままうまくいけば、シリアの復興プランに移ってくるかもしれません。アサド政権が復興プランを描いていますから。

おそらく最初に投資するのは中国でしょう。中国がシリアに投資して、一帯一路の中にシリア全体を統合していくということになっていくでしょう。

ロシアはロシアで軍事的に、それらをバックアップしていく、擁護していくという感じになっていくのでは、という気がします。

喜多見 なるほど。
サウジアラビアが「サウジヴィジョン2030」（2030年までの経済改革計画）というものを発表しました。サウジアラビアはもともとアメリカと近しい関係だったわけですが、これについてはいかがですか。

激動するサウジアラビア。ムハンマド皇太子の行方がキー。

ヤス アメリカが保護貿易主義で内部にこもるような政策をやっている。これからムハンマド皇太子の政治がどれだけ安定していくのかが大きな問題です。
サウジは、原油の産出制限をやらずにどんどん原油を増産していましたよね。原油を安いまま抑えた。ロシアを潰すため、イランを潰すためですが。

そのために、逆に、サウジの財政赤字はとても大きくなってしまった。国債を発行して、借金しないとならない状態です。「サウジヴィジョン2030」はサウジアラビアの経済成長の計画なんですが、これも実際は動いていません。本当に国にお金がないんです。ですから、どこかから持ってこないといけない。

そのためにやったのが、昨年11月4日の、11人の王子の逮捕と財産の没収という、あの政変だったんです。「お前らの資産を没収するぞ」と。

サウジが観光ビザを出すようになったのも観光業で稼ぐためだし、女性ドライバーに運転免許を取らせようというのもそうした動きの一環でしょう。

サウジアラビアのワッハーブ派というイスラム原理主義の厳しい戒律も、どんどん緩和していこうというのも、海外の目を気にしてのことでしょう。そうしないと海外から人がやってこない。

喜多見 あそこは死刑も多いんですよね。

ヤス めちゃくちゃ多いです。毎週金曜日に死刑をやっています。

喜多見 すぐ殺されちゃう。

ヤス　なにしろコーランに載っているとおりに（残酷に）やるわけですから。最終的には、どの国も自分の国益が一番大事で、生き残りたい。アメリカはもうダメだ、と思われたらすぐにほかの国に乗り換えるでしょう。最終的には、サウジも同じことになるかと思います。

喜多見　イランはどうですか？

かつての大国イランとトルコの「没落してしまった怨念」は、覇権をめざす原動力へ。

ヤス　イランは、そのような状態で、ロシアと中国と提携しながら、中東全域の覇権国になりたいという野望がきわめて強いわけです。中国とロシアの利害は矛盾はしていない。ロシアは、「上海協力機構」の同盟国ですから。ではどことぶつかるかというと、トルコなんです。トルコも同じように覇権国になりたいというきわめて強い野望があります。イランもトルコも昔の大国ですから。自分が中東全域の覇権国になりたいという野望は、国益とは違います。国益というのは、こちらがダメならそちらへ、そちらがダメならこちらへと「実利」で動いていくものです。論理もへったくれもない。国益は有利か不利かだけです。でも、野望はそうではない。「夢」ですから。

言ってみれば、ずっと長年持っている「ひとつの怨念」でもあるし、強烈な想いでもあります。何千年間も引き継いできたものが、たった数百年だけ中断されてしまった野望です。原点に戻りたいという気持ちでしょう。

トルコとイランの衝突、ぶつかり合いもロシアと中国が調停していくと思われますが。

大きく沈んだ後は、大きく伸びる世界経済。それらを支える4つのテクノロジー。

喜多見 2020年かどうかわかりませんが、そのへんで大きな零落があって、しかしその後の世界は、逆に大きく伸びるようなイメージが私にはあるんですが、ヤスさんはどう思われますか？

ヤス 僕もそう思います。

今出てきているものの中で決定的になっているものは、「第4次産業革命」といわれている新しいテクノロジーの勃興です。

第4次産業革命というのは10年前ぐらいから言われてきたんですが、テクノロジーが臨界点に到達した。それはどういうことかというと、産業化できるレベルになってきたということです。どういうテクノロジーがあるかというと4つぐらいあります。

再生エネルギーのコストは、十分安くなる。

そのひとつは「再生可能エネルギー」です。今まで再生可能エネルギーに対する日本のイメージでは、採算が合わない、とても高いというものでした。

1キロワット時の電力を発電するのに、原子力だと10円くらい、ガス火力だと30円近くかかります。再生可能エネルギーだと40円くらいかかってしまうので採算がとれないと、さんざん言われてきた。

原子力が一番安いわけですが、危険だから火力発電に頼ってしまう、という理屈だったわけです。それが今、がらっと変わってしまった。

ソーラーパワー、ソーラーテクノロジーのすごい進展で、今一番安いところで、1キロワット時で2.6円です。

喜多見　それは砂漠みたいなところですか?

ヤス はい、アラブ首長国連邦で2.6円。オランダあたりも3円くらいらしいです。そのくらいまで安くなると、火力発電でやる意味がなくなってしまう。ほとんどコストをかけずにできるわけですから。
4つのテクノロジーの項目だけいうと、「再生可能エネルギー」、「ブロックチェーン」、それに「超高圧発電」。数万キロの距離を送る送電線なんですが、ニコラ・テスラの考えに近いですね。そして最後は「ＡＩ」と「ビッグデータ」です。3Ｄプリンターもありますが。それらがどんどん発展していくと思います。

喜多見 それらについては、後ほど、第4章「世界が激しくシュリンクした後の劇的経済発展」で、さらに詳しく聞いていきますね。

超絶。世界権力のピラミッド5階層。その一番上にいるのは、誰なのか？

喜多見 ヤスさんにこの前うかがって、とてもおもしろい、と思ったのが、海外シンクタンク情報とおっしゃっていましたが、「世界を牛耳るピラミッド5階層」です。

ヤス　権力のピラミッド階層というときに、通常の主要メディアの語り口がありますよね。彼らのいう世界観は、基本的に国際関係を形成しているのは、「独立した主権を持つ主権国家」（下から、第一階層）だというわけです。主権国家には、「その上に立つ支配者」は存在しない。勝手に「国益」を前提にして行動しているだけだと。

主権国家がまず前提にあって、主権国家の連合体が国際社会ですが、その中で今一番力を持っているのがアメリカで覇権国であると。

そうすると、どの国も国益を最大化するためにアメリカの味方になったり、同盟国になったり、逆にアメリカに敵対することによって、国益を最大化したり、さらに、それぞれの国同士で国益を最大化しようとします。アメリカの覇権の秩序の中で、そのような関係を結ぶのが国際関係です。

こうした国際関係はそれぞれの国が独自の判断によって行っているものなので、なにが起こるかは、コントロールできない。だから、さまざまな意図しない戦争や紛争や革命が起こったりするのだというのが主要メディアの見方ですね。

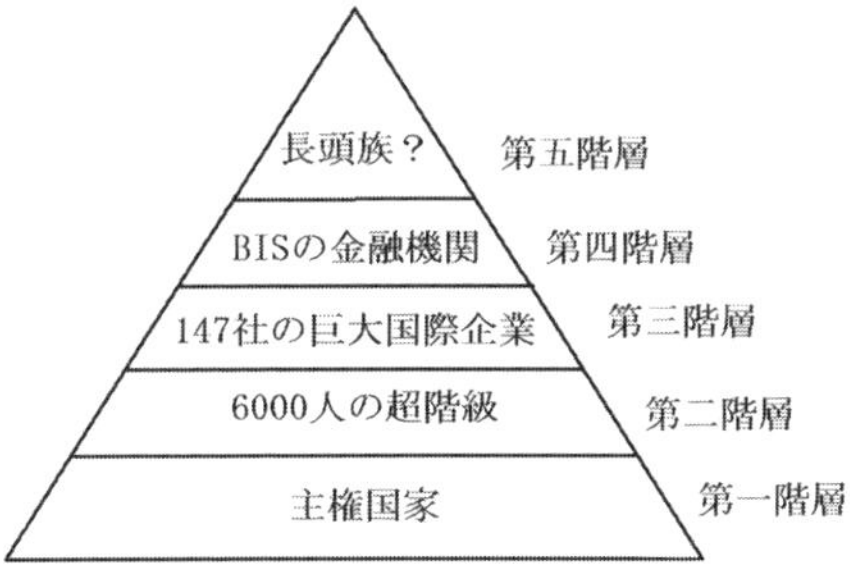

世界を牛耳るピラミッド５階層

でも、その上になにかの「支配層」、「国家を超えた存在」がないのかというと、実はあるんです。

まず出てくる存在とはなにかというと、「多国籍企業」と「国際機関」です。国境を超えてつながっている大きな組織がある。でもたとえば多国籍企業は、単独に成立しているかというとそうではない。

多国籍企業のCEOはネットワークをつくり、グループをつくっているんです。国を超えた超エリートのネットワークというのは、実はたくさん存在しています。

キッシンジャー元国務長官の主催するシンクタンクのCEOを務めていた人がいて、ディビッド・ロスコフ（David Rothkopf）といいます。彼が2009年に「超階級（SUPER CLASS）」という本を書いた。ダボス会議など、あらゆるところに行って、実際に超エリートたちにインタビューをした。キッシンジャーのコネをつかったんでしょう。

この本は、エリートの支配構造がどうなっているのかを暴いた本なんですが、彼らは6千人のネットワークでつながっていたんです。国家を超えたところで。

喜多見　その本は日本で売っているんですか？

ヤス　はい、「超階級」という邦題で翻訳されています。実におもしろい本です。どういう小グループに分かれているのかもすべて分ります。
ウォール・ストリートを支配しているような巨大銀行、たとえば、ゴールドマン・サックスや、メリルリンチ、ソロモンブラザーズなど、それらのＣＥＯはみなお互い顔見知りです。では、ネットワークの核になっているものはなにかというと、「大学のゼミ」だったんです、同窓生。

喜多見　あー、なるほど。

ヤス　たとえば、自分がウォール・ストリートの大きな投資銀行のＣＥＯになりたければ、ハーバードやスタンフォードなどいくつか大学があるんですが、その特定のゼミに入るんです。アメリカのＩＶＹリーグは授業料は高いですが、「君は能力あるね」と教授に目をかけられたら、その教授の教え子の同窓生たちはみなエリートとして成功していますので、その学生は一本釣りされ、芋づる式にその企業に入れるんです。
それが、６千人の同窓生ネットワーク（第2階層）です。

喜多見　そこに日本は入っていないんですか？　東大とか京大とか。

ヤス　残念ながら入っていません。中国は北京大学とか入っているんですけどね。

喜多見　悲しいですね。
で、3層目は？

ヤス　3層目は、確かスイスのチューリッヒ工科大学だったと思いますが、世界がどのような支配構造になっているかという調査を2011年にやったことがあります。その調査結果に基づいて、モデルを適応するとこういう感じになります。

まず、6千人のトップの人たちがいます。彼らの何百社かの大企業があります。その株の持ち合い関係を調べたら、トップ企業147社（第3階層）になった。それらがほかの残り企業の支配もしているんです。

そしてさらに、トップの中のトップで50社に絞り込んで調べると、この人たちが実はトップクラスの者だと。

これらをさらに支配しているのがゴールドマン・サックスなどの「国際金融機関」であり、大企業に経営者を送り込んだり、大きな影響を及ぼしたりしています。

さらに、その10本の指に収まる国際金融機関が結集しているところが「世界決済銀行（BIS）」（第4階層）。（1930年設立のスイスにある国際組織。各国中央銀行の決済が本来の役割だが世界の銀行規制も）です。そこが中央銀行も含めて、世界のグローバルな金融システムを支配しています。

喜多見　ロックフェラーやロスチャイルドもその3層目に入ってくるということですか？

ヤス　はい、そうです。3層目に入ってきます。

では、ピラミッドの頂上には誰が入ってくるのかということですよね。ここまでいくと完璧に陰謀論的なオカルトの世界に入ってきてしまう。

喜多見　これが意外な人なんですよね、人というか・・・。

元世界銀行の法務担当官が暴露する、衝撃の証言。

ピラミッドの一番上にいるのは、彼らだ！

ヤス　そうですね。こういうことは事実を確認しようがないんですが、証言者はたくさんいます。

世界銀行の法務担当官だったカレン・ヒューデス（Karen Hudes　ネットに暴露インタビュー動画あり）という女性がいます。

イエール大学院出身で、世界銀行（二次大戦後1946

カレン・ヒューデス

年に米国ワシントンDCに誕生した国際金融機関。第10代総裁はポール・ウォルフォウィッツ）に就職して法務担当になった人ですが。その人が内部告発した。「私は世界銀行の内部にいるのでわかる。国際決済銀行を告発する。世界は国際決済銀行によってすべてをコントロールされている。それはまた、5つの金融機関によってコントロールされている」と言うんです。「私たちが知っている世界はおとぎ話でしかない」と。では、最終的に決定しているのは誰ですか、とインタビューしたら、「人間ではない」と言ったんです。

喜多見 そんな内部告発者が実際にいたんですね。

ヤス エロンゲイテッド・ヘッズ（Elongated Heads 長頭頭蓋骨。〈長頭族〉）（第5階層）といって、頭蓋骨が長いんです。最近ナスカで発見された遺跡に膨大な骨がありますが、人間のものではありません。彼らが最終的な支配者であると。「あなたは会ったことがあるんですか？」、とインタビュアーがカレンに聞いたら、私は何度も会ったことがあると。

喜多見 それがグレイだとは言っていないんですか？

ヤス　言っていません。

彼らは、スーツを着て、会議しています（笑）（過去にＤＮＡを混ぜたので、姿形は人間）。カレン・ヒューデスがそこまで言った時、カレンを信奉していた人たちが引いてしまいましたが。

アメリカにスティーブン・グリア博士という人がいます。彼は、アメリカには「影の政府」が存在していると語っています。そして、影の政府のメンバーだった人たちやプロジェクトに参加していた人たちが千人くらいいるんですが、彼らをどんどん引っ張り出して、証言を集めています。それがとても具体的な内容なんですよ（グリア博士の最新刊翻訳書籍をヴォイスで近日発売）。

出るか、宇宙人の存在を明らかにする、政府からの説明。

喜多見　昨日社内で、おもしろい話を聞きました。グリア博士の代理人が日本にいるんですが、その人から社内の人が聞いたらしい。

実は今、トランプとプーチンが話し合っていて、宇宙人やＵＦＯをもうそろそろ表に出そうか、でもどうやって出したら世界が混乱せずに出せるのかとか話し合っている、と言うんです。

でも、トランプはもともと、私が大統領になったらＵＦＯ関係もすべて世間に公表すると言っていたくらいですからね。

ヤス そうですね、クリントンも言っていましたよね。グリア博士の情報からいうと、影の政府が存在しそれでも今のところ発表されていないのは、彼らは公表されたくないんでしょうね。ているから、グリア博士を経由して証言している人たちは信用できます。でも、そうした証言も普通の感覚でいったら、聞くとびっくりしますが。

飲み物にも入れられる超微細チップを開発したとする証言。脳に到達すると、霊感を生むという。

ヤス たとえば、2010年に、自分が死んでから自分のビデオを公表してくれと証言した人がいました。その人は、人間の脳に埋め込む人工チップを開発していたという人なんです。とても微細なチップで、飲み物や食べ物に混ぜれば、身体の中に入り込み、脳まで達するようにデザインされているそうです。そうなると、その人は、外部から声が聴こえるようになる。霊感があると言っている人のかなりの部分はコントロールされているというんです。「どのくらいばらまいたんですか？」と聞くと、20億粒ばらまいたと。

ほかの証言者が言うには、スピリチュアル系という分野自体が、彼らがつくったものだ、とも言っていたようで、ICチップが通信媒介になって声が聞こえてくるようになると。もうひとつ方法があって、電子レンジの電磁波もマインドコントロールに使えるとも言っています。1970年代から、これもずっと研究されているもので、それだけで声が聴こえるようになるそうです。スピリチュアル系という言葉もそのグループがつくったものかもしれないと。

喜多見 アメリカが今、覇権国ですから、アメリカの上部に、そうした宇宙の支配者がいろいろいるとして、ほかの国にもいるんでしょうね。

もうすでに地球に来ている宇宙人には、どんな種類がいるのか？かれらのアジェンダとは、なにか？

ヤス ここからが結構錯綜する情報になります。証言者は多いんですが、どこまで信用できるかクエスチョンマークをつけながら、聞いてもらいたいんですが。一応信用できる証言者がいて、1960年代、カナダの国防大臣だったポール・ヘリアー（Paul Hellyer）という人物です。スティーブン・グリア博士の誘いにしたがってカミングアウトした人ですが、この人が言うには、宇宙人はすでにたくさん来ていると。

「何種類来ているのか？」という問いに、80種類くらいで、4～5種類どころの話ではないと。その中で、地球に長期的に滞在しているのは4種類だというんです。グレイも入っています。グレイにも二通りいて、ひとつのタイプは「アンドロイド」。生物ロボットですね。それ以外にも、特定の惑星から来た容姿そのものがグレイというタイプもあるそうです。

喜多見　4つのうちのほかのタイプはどういったものですか？

ヤス　あとは、「トールホワイト」というのもいて、それは白人系のグループです。ほとんどはヒューマノイド（人間型）だそうです。

喜多見　タコみたいな異形の宇宙人はいないんですか？

ヤス　ポール・ヘリアー以外にも同じような証言者がたくさんいますが、彼らの証言をまとめると、ほとんどがヒューマノイドだらけらしい。生物進化の段階として、ヒューマノイドは必ず到達する通過点なので、宇宙中、ヒューマノイドだらけだというんです。

喜多見　そういう人たちが長期滞在して会議なんかにも出ていると。

ヤス　ここからは証明できないので偽情報も混じるんですが、コーリー・グッド（Corey Good）は2015年の8月に出てきて、「GAIA　TV」（https://www.gaia.com/series/cosmic-disclosure）というアメリカのスピリチュアル系ネットテレビでインタビュー番組が放映されています。

彼は「秘密宇宙プログラム」という組織のメンバーだったと言うんです。自分がなにをやってきたかを事細かに語るんですが、それだけでは人々は信用しません。でも、ガイアTVが細かく質問をしていきます。

彼によると、宇宙人（宇宙由来生物）はそれぞれのアジェンダ（目的）を持っていて、種族によって内容はバラバラであると。

まだ今もインタビューは続いていて、これはアメリカを一世風靡する一大現象にまでなっています。

もう一人が、マーク・リチャーズ大尉（Captain Mark Richards）という人。アメリカ軍の大尉だった人で、いわれなき殺人容疑で刑務所に収監されていて、彼も秘密宇宙プログラムのメンバーだったと言っています。

喜多見　4つの宇宙人たちは、それぞれの脚本を持って地球に来ていると。

地球上の、4つの宇宙人同士の熾烈な覇権争い。邪悪な意図を持つ者たちもいたが・・・。

ヤス　そうです、脚本を持って来ています。

プロジェクト・キャメロット（Project Camelot　http://projectcamelotportal.com/）というサイトで、こうした証言者を発掘するラジオ番組があります。マーク・リチャーズ大尉もそこで発掘されたんですが、その話が驚くべき内容なんです。

彼が言うには、現在地球を支配している種族は「4種族」あると。「グレイタイプ」、「レプティリアン」（人型爬虫類）、もうひとつは竜、「ドラゴニアン」、最後が「トールホワイト」だと言っています。

そのうちのいくつかはものすごく邪悪な存在で、レプティリアンがそれです。身体は3メートルを超えるような大とかげですが、姿かたちを自在に変えられます。

デイヴィッド・アイク（David Icke）もそう言っていますが、彼が言っていることは全部事実だとリチャーズ大尉も言っています。

大尉曰く、本来地球はすぐ占領されて、人類など奴隷化されるか殲滅される運命だったと。でも、今のように生き残っている理由はただひとつ。宇宙の種族自体が「覇権対立」して互いが戦い合っているので、それで逆に人類の存続が守られているのだと言うんです。

喜多見　こうも言えませんかね。人類という地球にいる生き物は、もしかしたら、宇宙人たちの歴史と違う方向へ進化するかもしれないから、しばらく見守ってやるかと思っていたり・・・。

ヤス　うーん、見守るというよりももっと深く介入してくるという感じですね。彼らのアジェンダを実行しようと遺伝子操作をして。

彼らのそもそもの目的は、やはりそれぞれのアジェンダを実行することです。

銀河連邦のように彼らの支配領域をどんどん広めていきたいんだと思います。地球は、いろいろな勢力の結節点で、宇宙の極北らしいんですよ。まさにスターウォーズの世界ですよね（笑）。

【以下は、1章収録終了後に続いた雑談記録】

ロズウェルに墜落した宇宙船の、生き残り宇宙人にインタビューした女性の、驚異的な体験。

ヤス　「エイリアンインタビュー」（アマゾンのキンドル版あり）という本をお読みになりました？　2008年に書かれた本ですが、本当に面白いですよ。

喜多見　いえ、知りませんでした。直球なタイトルですよね（笑）。

ヤス　この本ってなにかというと、1947年のロズウェルってありますよね。ロズウェルで4人のグレイタイプの宇宙人が収監されたと。3体は死んだんですが、一体は生き残った。その一体に尋問した尋問官の女性が書いた本です。ベストセラー1位にもなった。編集者が、SFっぽい本を出そうとしていた1998年、この女性をある人から紹介された。連絡したら、そんなこと知らないと言われて、いったん拒否されたんですが、でも自分の本を献呈したら、10年後に突然、その女性からドーンと小包が届いた。そして、「実は私は宇宙人の尋問官をしていた」という告白の手紙もついていたのです。

いています。

「私は夫と今スコットランドにいますが、この世を去る決心をしました。この宇宙人との尋問記録はあなたに託します」というような内容だったそうで、それがこの本のもとになっています。

最初、宇宙人をどう尋問していいかわからないと思っていたら、テレパシーでコンタクトをしてきたというんです。上司にそう言うと、「エアル」という宇宙人の尋問担当になった。最初は、あなたはどこから来たのか、という質問をしたりしたんですが、概念が異なるので、認識のギャップを埋めるにはどうしたらいいかと悩み、心理学者の提案で、本を読ませたらどうだということになった。

英語を学んでもらうためにも初級用の英語の本を読ませると、すさまじいスピードで本の内容を吸収していったといいます。そして、完璧な英語をしゃべれるようになった。そして、むこう（宇宙人）から、この本を読みたい、あの本を読みたい、とあらゆる分野の本を要求された。2週間くらいで一気に宇宙人は学習し、24時間寝ないでずっと内容を吸収していったらしく、その後、対話の準備ができたと言ってきた。

彼は、私たちの本当のボディは「魂」で、この身体は「ボディスーツ」なんだと。魂は一度創造されたら一生消えない。でも、任務によって、ボディスーツは取り換えると。

実は、あなたもそうなのだと尋問官に言うと、彼女は、いきなり幽体離脱したといいます。

「わかったか？　あなたの肉体は単なるボディスーツであって、本体は魂だ」と・・・。

第2章

世界に取り残され、クラッシュしていく日本。

アベノミクスの末路。国債は返せるかもしれないが・・・。

喜多見 日本の話をしましょう。

日本の話題といえば、アベノミクスで日銀が国債を買ったり、ETFを買ったりしているのですが、これがあのままで済むわけがない。世界の流れとしては、アメリカも金融緩和を縮小し、ヨーロッパも縮小しているのに、日本だけが続けています。

日本が世界を支える構造になっているのかもしれませんが、このままいくはずがないと思っています。


ヤス 僕もそう思います。今のアベノミクスは相当に危ういでしょう。アベノミクスが危ういという危機論の前提になっているのは、日本政府がこれだけの国債を返せないだろうと。それがひとつの危機論なのですが、そこは、そうでもないかもしれない。

資産全体から見たら、日本の内部にある金融資産で現在の国債の残高を返せないかといえば返せる、おそらく。

日本政府によると、日本は債務で1200兆円ある。でも資産も900兆円くらいあるんです。

そのうち大部分は米国債ですが。それを売り払ったら900兆円くらいになる。

さらに、民間の金融機関の金融資産が2000兆円くらいあります。そして、民間人の1600兆円の金融資産も。ですから、全部うまい具合に徴収すると、なんとか返し切れるというぐらいの金融資産が、あるといえばあるんです。

喜多見　でも個人の資産が国に吸い上げられるというのは、ちょっと・・・。

ヤス　おっしゃるとおり。

国の持っている900兆の資産を全部返すと残り300兆くらいになる。すぐ返さなければならないとなると、国民とか民間の資産をもっと吸収するということになってきますが、300兆円くらいなら、長期的に新規の国債を発行すれば返せるだろうという論理もあります。したがって、こうやれば日本政府は国債を返せるから大丈夫だよという安心論がいろいろなところから囁かれています。

でも、「今出てきている国債危機論」は全然違う。返せるか返せないかには関係なく、どちらにせよ危機に陥ってしまう、という危機論です。

喜多見　それはどういうプロセスで？

インフレという恐ろしい刃。2パーセント目標のインフレが達成されること自体が危機になる。

ヤス　2つあります。ひとつは、「インフレ率が2パーセント」になっていくこと自体が、ひとつの国債の危機になっていくということです。

すなわち、国債と金利は逆相関の関係にありますから、金利が上昇すると、国債が下がっていき、国債が下がると金利が上がります。

となると、仮に今2パーセントのインフレが達成されたとすると、各銀行が金利2パーセントでローンを組んでいたら、どんどん損するばかりです。金利を2パーセント以上に上げないといけない。

一斉に民間の金融機関が2パーセント以上に金利を上げるとどうなるかというと、「国債価格が下落」します。

そして、このまま国債を手に持っているとまずい、今後も国債の下落が止まらなくなると市場で認識されると、国債の売りがはじまる。売りが始まると、どんどん国債の値段が下がって、長期金利は逆に上昇する。そうすると、経済が立ち行かなくなる。

なおかつ一番怖いのは、現在の日本政府の「国債利払費」というものです。

政府は国債の利子を払っていて、年間10兆円くらいなんですが、長期金利が上昇すると、国債利払い費が急激に上昇して、2倍にも3倍にもなります。そうすると、国家予算のやりくりができなくなる状態になり、公共事業もなし、セーフティネットもなしという状況になってくる。なので、「2パーセントのインフレ率達成そのものが、国債の危機を招く」という話です。金子勝元慶応大学教授がこの論理を唱えています。

また、日銀の内部からも違った論理が出ています。それが「日銀債務超過論」です。

日銀自身が、「債務超過」におちいるという、もっとも起こりうる危機。国債は暴落し、長期金利は急上昇する。

喜多見 それが一番起こりやすそうです。

ヤス ええ、そうですね。日銀の理事だった人や元日銀の高官で退職した人たちが警鐘を鳴らしています。

アベノミクスは毎年80兆円の国債を買っているわけです。どうやって買っているかというと、日銀が日本銀行券（お札）を輪転機で刷って発行。市場に流れる日本銀行券の量が多くなりますから、インフレになる。そうすると円安になります。円安になれば、効果的に海外からの旅行者を日本に惹きつけている、ということにはなりますが、ことはそんなに単純ではない。

これは日銀のバランスシートからみると、発行する日本銀行券は日銀の債務（負債）です。なぜ債務と考えられるのかというと、以前行われていた金本位制（ゴールドを背景にお金を発行する制度）の名残りなんですね。

金本位制では、僕がたとえば1万円札を持っていたら、日本銀行で同価値の量の金（ゴールド）と交換してくれるというシステムです。そうすると、日本銀行の中には金（ゴールド）がいつもあることになる。

でも、金（ゴールド）の所有権は一体誰にあるかというと、日本銀行券を持っている（他の）人間なんですよ。

日銀は他人の所有物である金を預かっているだけですから、日本銀行が日本銀行券を発行すればするほど、それはすべて「日銀の債務（負債）」になっているということです。

ここで「日銀債務超過論」を説明しましょう。

日本銀行の資産になっているのは、買った国債です。買った国債を持っていると利子を生む。日本銀行に利子収入が入ってきます。そうすると、その利子収入が日本銀行の「資産」になります。

一方、債務（負債）になっているのは、「日本銀行券」と「民間金融機関の当座預金」の合計です。

この当座預金は民間の金融機関が日銀に口座を持ち、強制的に預金させられているもので、なにかの危機になったときの緊急用資金のたくわえ先として口座をもたされています。（個人が銀行に預ける「当座預金」は金利が付きませんが）日銀の当座預金には金利が付くんです、日銀からの利払いがある。

最終的に言われているのは、細かい説明を省きますが、日銀がどんどん日本銀行券を発行して債務がどんどん超過する。そうすると、国債の価格が下がって、金利が上昇する。

金利の上昇は日本銀行にとってはプラスですが、それと同時に、当座預金に支払う金利も上昇します。その結果、試算によると、「逆ザヤ」が発生してくる。

逆ザヤとは、「債務のために支払うお金のほうが、入ってくる収入を超える」ことです。それが「債務超過」という状態で、おそらくそんな遠くない将来に起こるだろうといわれています。

日銀が債務超過になったらどうなるかといえば、現在の日銀法では、「国が資金で日銀を支援」しなければいけなくなります。

そうなると、日銀が国債を買うことは不可能になる。国が全面的に日銀を背負っていかねばならなくなります。

そうなれば国債は下落しますよね。誰も買ってくれなくなりますし、今のうちにみな売っておけということになりますから。

そして、長期金利が上昇する。経済がまわらなくなる。

日本政府側は、まず金利の上昇による膨大な利払い費がある、それで財政がまわらなくなります。さらに日銀を支えていかないといけないので、「超超緊縮財政」という状態になります。日本政府になにができるかというと、手持ちの借金をなるべく早く返すしかないということになります。

喜多見　ということは、債権を売り払うと。

ヤス　そうです、売り払うことです。まず、海外等に持っている資産を売り払います。それで、日本政府の国債は日本政府にとって借金ですから、返してしまうと。じゃあ、返すための原資はどこにあるかといえば、日銀はもう買ってくれないので、「国民の資産」だ、ということになります。

ツケは国民にまわるのか。過去の日本の例や海外の例。

喜多見　やはり「国民」につけがまわってくる可能性が高いと。

ヤス　「民間銀行」と「国民」へのつけ、ですね。

世界をみても、ギリシャやアルゼンチン、過去のブラジルがみな、似たような金融危機を招いています。

国債の暴落。国債を返すためにどうしたらいいかというと、まずは政府がお金を掻き集めないといけないから、すべての公共事業やセーフティネットをやめて、公務員をどんどん辞めさせていきます。そして、残っているお金をどんどん掻き集めていく。

最近のギリシャの例では、ちょうどそのころ、私の友人がアテネにいたんですが、銀行から1回で7万円しか下ろせなかったそうです。

一度7万円下ろしたら、次は1か月後しか下ろせない。どこに行っても、その時のギリシャでは、ドル以外ではモノを売ってくれなかったそうです。

喜多見 ギリシャのケースでは、インフレで金利はどれくらいまで上がったんですか?

ヤス 7%か8%くらいです。

喜多見 日本がそれに近くなったら、ヤスさんが想像されるインフレ率というのはどのくらいですか?

ヤス おそらく「ハイパーインフレ」というのは1000パーセントとか2000パーセントくらいのことをいうようですが、そこまではいかないでしょう。

いわゆる戦争による崩壊や、政府そのものの機能の崩壊があれば、そこまでいくでしょうけれど。日本では、戦後、大きなインフレがあったのは「2回」だけです。1回目は戦後すぐの昭和21年。戦費調達のために政府が発行した過剰な円があって、それが急激なインフレを引き起こした。それを止めるためにどうしたかというと、「新円切り替え」といって、通貨そのものを切り替えた。

それと同時に行ったのが「財産税」です。財産税の税率は「90%」なんです。全国民のお金を90%持っていかれるわけですよ。

銀行からお金を3年間下ろせなくなった。いきなりお金が下ろせなくなって、政府がそのお金を使ったということです。みんな死ぬ思いかもしれないけど、3年間は辛抱してくれということでしょうね。それで戦時国債を返しました。

喜多見 仮に25%のインフレなら、100円の食パンが125円になると。

ヤス そうですね。でも、戦後の新円切り替えのときはものすごくて、そんな半端なものじゃなかった。数百%のインフレですから、100円のパンが1000円で売っていて、翌日行ったら2000円だったという状態です。

喜多見　早く買わなきゃ・・・（笑）。

ヤス　まあ、これは戦後すぐの話ですから、今はそんなことにはならないと思いますが。日本の2回目のインフレは、「オイルショック」の時。インフレが34％くらいになりました。あの時代は「狂乱物価」と呼ばれていましたが、今度はそのくらいにはなるかもしれません。

喜多見　加えて、第1章で語ったような世界情勢が日本に波及するということはないんですか？

米の長期計画に基づく「保護貿易政策」は、簡単には終わらない。それは、同時に日本に襲いかかる。

ヤス　いや、あると思います。米中の貿易戦争ですね。ＥＵとの交渉、「ＴＴＩＰ」（大西洋横断貿易投資パートナーシップ協定）という、「ＴＰＰ」（環太平洋パートナーシップ協定）のヨーロッパ版なんですが、この交渉をまだやっていて、ほぼ決裂に近い状況です。トランプはとても否定的なんですけれどね。

いずれにせよ、トランプの「保護貿易政策」によってその余波は相当日本に来ると思います。まだ日本では、どのくらいのネガティブな余波が来るのかは、十分語られていません。

喜多見　（この取材の）2、3日後くらいに安倍さんとトランプが関税の話をするらしいですが、あの流れ（保護貿易）は、トランプはアメリカの中間選挙のためにやっているんだという論説もありますが、もっともっと長く続くという説もあります。

ヤス　あります。それには、第1章でペペ・エスコバルが言った、「マスターマインド計画」が関係していると思います。

まずアメリカで製造業を回帰させる、それに基づく強い軍事産業をつくる、そして、中国やロシアに奪われたアメリカの覇権を奪還するという計画です。

ですので保護貿易は、長期的な計画に基づいたものだと僕は思います。おそらく中間選挙うんぬんではないでしょう。

今起きている本当の現実を見ようとしない日本人。

喜多見　日本はアメリカの属国以外の何物でもないと思うことがしばしばあります。「日米地位協定」の話などを聞いていても。コバンザメのようにアメリカにくっついているわけですけれど、これから、世界における日本の位置というのはどうなっていくんでしょう？

ヤス　最終的にはもっと影の薄い存在になっていくんじゃないかと思います。残念ながら。今、いろいろな国に、滅びるとまでは言わないけれど、衰退の過程で出てくるような社会文化的な現象が出ています。それがすべて日本から出てきているという感じなんです。おもしろい例があって、昔、中国は清王朝でしたが、19世紀の終わり、1842年に阿片戦争があって、どんどん欧米の侵略がは始まる。その時期には、もう滅亡寸前の状態になり、それでも、清王朝の高官たちは、欧米の文化と向き合うことができなかった。彼らは、欧米の科学技術をみると、こちら（清）のほうが上だという態度だったんです。いかに中華文明が偉大かという文学が流行ったりして、自分たちの内部にこもるんです。内にこもり、現実を見ないで済むように、ファンタジーの世界に浸っていた。アルマダの海戦というのが1588年にあって、スペインは敗れて制海権を英国に奪われます。それからスペインは衰退の一途をたどるんですが、スペインの人々は、それでも現実を一切見なかった。

喜多見　その状況が今の日本で起こっていると。

ヤス　そうです。クールジャパンであるとか、日本がいかにスピリチュアルな国であるとかね。日本礼賛的な番組も増えています。

NHKのBS番組を時々見るんですが、ある番組が、日本の進んだ技術者たちが東南アジアに行って技術指導をするという内容でした。でも現実はこれとは逆です。あちらがどんどん技術進歩していて、日本人があちらに行って学ぶ時代になっている。それを伝えていません。

今の政治家の「劣化」が、日本の厳しい状況を、さらに加速させる。

喜多見 私たち民衆は「このままいくと、ちょっとまずいよね」、「教えを乞う部分は素直に教えを乞うて、なんとか打開しないといけないね」という危機感を抱いていますが、政治家や国を動かしている人たちと一般民衆の間に、大きなギャップがあります。

ヤス おっしゃるとおりだと思います。私たちの世代が30年前、40年前とどう違うかというと、決定的な違いは「政治家の劣化」だと思います。明らかな劣化。

30年前、40年前はどういう時代だったのかというと、まだ保守本流の政治家がいたわけです。三木武夫とか。はっきりいって、かなりの現実主義者です。変な論理は唱えない。

今の政治家は、「思いの人」です。激しい思いの中に閉じこもっているようなタイプ。「俺は日本が好きなんだ」というような、思いにこもっていてファシズム的です。

喜多見　怨念の逆パターンですね。

ヤス　そう、まさに怨念の逆パターンです。昔の政治家と比べて、今の政治家の劣化のスピードは、とても早い。

85歳のおばあちゃんも未来を心配する、今の日本の状況。

喜多見　さきほど雑談で、江戸時代の町民はあまり将来に対して不安がなかったという話が出ましたが、今はみんなが不安に思っています。

ヤス　そう、みんな不安だと思いますね。

喜多見　なにか来るぞ、という感覚を持っている。

ヤス　江戸の場合は今とはちょっと違います。3年に1回くらい「大火」が起きていましたから。当時の人はどうせ焼けてしまうからと、財産をほとんど持っていなかった。

幕末に実際、大火が何度かあって、町民はニコニコしながら、（防火のために）自分の家を壊しているんです。
そのかわり、日常生活は相当にぜいたくしていました。財産として残さなくていいから。普通の長屋でも、あわびを食べたり、いい暮らしをしていたそうです。いつ死んでもいいということですよね。

喜多見　今の時代へのアンチテーゼですね。

ヤス　そうですね。私の知り合いで85歳のおばあちゃんがいて、「お金をすごく溜めているけど、どうするの？」と聞くと、「老後のためだ」と（笑）。
「えー、もう老後じゃないの？」ってね。そういう時代なんです。

どうしたら、日本が危機におちいったときに、国民のお金を守れるか？

喜多見　話を戻しますが、日本にインフレがきて、新札発行や預金封鎖というところまでは、いかないですかね？

ヤス　いかないでしょうけれど、マイナンバーがふられているので、誰がいくら持っているか、国は大体認識しているはずです。
あとは、日本から海外に自分の資産を逃避させようとしても、全部できないようになっています。
海外の大手銀行に行くと、今はマイナンバーの提示を求められます。日本政府からの指示ですといってね。海外の銀行に資産を移すことはできるけれど、把握もされるようになったということです。

喜多見　生活者としてはインフレ率が30％になったとして、そうなったときに、自分の生活をどういうふうに防衛していったらいいんでしょうか。

ヤス　最悪の場合、インフレ率が31％とか32％になったとして、金（ゴールド）を買っておけばいいかというと、そうでもない。
なぜかというと、国が危機に陥ったとき、一番最初に国に没収されるのは金なんです。たとえば、アメリカで１９３３年、ルーズベルト政権の下、大恐慌が起こり、国による金の強制買い取りをおこないました。昭和16年の日本もそうでした。

喜多見　銀はどうですか？

ヤス　戦前の日本では、昭和13年から始まるなかば強制的な金の買い上げ運動や昭和16年から数回実施された「金属類回収令」などで、金、銀、プラチナも全部一定の安い価格で買い取られてしまいました。

貴金属が安全かというと全然安全じゃない。

では外貨預金はどうかというと、ドルでもユーロでもいいんですが、持っている外貨が緊急時に円に換金できるのかというと、「換金停止」になると思います。持っていてもどうしようもないですよね。

自給自足生活が、最大の守りになるか。

ヤス　ではどうすればいいのかというと、「現金を使わなくてもいいような生活」スタイル、現金に依存しなくても食べていける環境が一番いいんじゃないでしょうか。

究極的には、「自給自足」が一番いいんでしょうが、それはそう簡単にはできませんよね。

防災のためによくいわれることは、電気も水も備蓄もない状態で、一切お金を使わなくても生きて行ける「サバイバル訓練」ができるといいですね。

僕の家は八王子なんですけど、まわりは農家ばかりなんですよ。うちの家内が芋をくださいと言うとくれるんですが、重いから自分で持って行ってと言われるそうです（笑）。自分の家のまわりのコミュニティを知っておくこと、仲良くしておくことも必要だと思います。それが、ひとつの拠点になっていきますから。

喜多見　そうですね、周囲の環境やコミュニティを知っておくのは生き延びるためには大切ですね。戦後の混乱期には農家が一番強かったという話も聞きますし。

ヤス　そうです。都内でも練馬や中野には、まだ農協があります。ということは周囲に農家がまだあるということです。農業体験もできるし、縁をつないでおくにもいいですよね。あとは、仲間を増やしておくことです。気軽に、困っていると言える仲間をつくっておく。そして、今のうちに恩を売っておくことですかね。

喜多見　そうか、まずは野菜作りですね（笑）。では「暗号通貨」を使って危機回避する方法はどうですか？

暗号通貨で、自分のお金を守れるか？　危機時の暗号通貨。

ヤス　そうですね、今のところ、暗号通貨の流れを見ていると、ビットコインをはじめ、イーサリアムもそうですが、どの国の政府も規制をする方向です。株式やほかの金融資産と同じレベルの規制を加えようとしています。
規制を加えて「資産」として認定するという方向です。認定すると、極端な上がり下がりがなくなります。そうなると、支払い手段としても使えるという方向に向かっていくけれど、投機の対象にはならない。つまり、暗号通貨も政府の管理下に入っていく、ということです。

喜多見　ということは、「中央集権的ではない」のが暗号通貨の特長のひとつですが、民衆が管理する通貨ではなく、管理された通貨になってくるということですか。

ヤス　そうですね。
したがって、たとえば、中国でも、ロシアでも、キプロスでも経済危機の時によく起こったんですが、暗号通貨を利用して自分の資産を海外転移するということもできなくなると思います。

喜多見　それは規制されるという意味で？

ヤス　暗号通貨の移動に、政府が上から規制できるよう、管理下に入れてくるんじゃないかと思います。

喜多見　今朝、私がみた記事では、北朝鮮が経済封鎖されていた状態で、どうやって米ドルを入手しているかというと、暗号通貨をいろいろなところでマネーロンダリングしながら、最終的に米ドルにしているらしいんですね。そして、ゆくゆくは北朝鮮専用の暗号通貨を発行しようとしていると。

ヤス　暗号通貨は、まだ使えるツールではないと思いますけれどね。

日本が危機におちいったとき、日本はＩＭＦ管理になってしまうのか？

喜多見　以前韓国などでも経済がガクンと下がった時に、ＩＭＦが入ってきて、お金は貸すけれど、こうしないと貸さないよと、ある意味「ＩＭＦ管理」になってしまうという管理体制の話がありました。そういったことは日本でも起こりそうですか？

ヤス　１９９７年のアジア通貨危機の時、アジア全体がひどい不況で、海外資本が全部引き抜かれたので、特に外国資本に依存して経済発展してきたアジアの国々が倒れていきました。アジアの国々がみな倒れていくと、不良資産が巨大化します。銀行も倒れる。そうするとその国の国債もとても安くなる。その国の国債や株を持っているほかの国々の金融機関や投資家もみな倒れていく。そのように金融危機が、瞬く間に広まっていくわけです。

韓国もそうやって自分たちのところまできたんですが、最終的にはＩＭＦが介入しました。ＩＭＦは金は貸すけれど、一方で緊縮財政を要求します。それもきわめて厳しい緊縮財政で。スケジュールとおりに返済するために、セーフティネットも全部なし、公共事業もなしというきわめて厳しい状態です。でも、日本はおそらくそこまでいかないのではないかと思います。

喜多見　みんながそう思っているときには、そうはならなかったり。

ヤス　そうですね。

喜多見　以前、海外のファンド連中が、日本は売りだと、日本国債をだいぶ前から売っていたんですが、実際はそうはならず、全員やられました。

ヤス　そうなんですよ。外資系のファンドでも、日本国債が下がるから売れ、と売りを仕掛けるんですが、大抵失敗しています。

日米同盟は、2023年か2024年くらいには終わるかもしれない。

喜多見　2020年前後のアメリカの大暴落は、ヤスさんの今までのお話では、それほどでもなく、むしろ国が分裂する方向だということですね。

ヤス　はい、むしろ、政治的な対立のほうが怖いです。
でも、2020年代のはじめにはアメリカ経済も危険だとは思いますよ、今の保護貿易主義をやっている限りは。

喜多見　日本は広島と長崎に原爆が落とされて、世界で唯一の被爆体験国ですが、アメリカは今自国にお金がないですから、日本に核武装させよう、というようなストーリーも見えたりします。

ヤス　そこは一番見えない部分ではありますが、ただ結論から言いますと、僕は2020年代のはじめ、2023年とか2024年あたりに、日米同盟が終わるんじゃないかと思います。

喜多見 ほー、そうですか。それは日本が独自で自国を守れるくらいの軍事力を持つという意味ですか？

ヤス おそらくアメリカは現在のトランプ政権のやり方からみると、日本もターゲットになっていますよね、まずは貿易交渉で。

ちなみに、今のテレビを見ていると、安倍さんがアメリカに行って、貿易交渉の第一ラウンドが始まりますが、何と言っているかというと、今、ターゲットは中国で、中間選挙において、トランプの支持者はあまり日本に関心がないと。

喜多見 かわいそう、日本（笑）。

ヤス そうした、トランプ政権は妥協してくれるだろうという感じの「甘い論説」が多い。日本の出方を待つだろうと。日本がこれでどうですか、と提示したら、きっとアメリカも妥協の余地があるというわけです。

でも、僕からしたら、確かに日本は関心の対象にないかもしれないけれど、そんなもんじゃないと思っています。

彼らは長期的にこの国をどうしたらいいかという計画を持っているわけですから、必ずそれを押しつけてきます。

それと、日本が安全保障上、まだ米国に守ってもらいたいなら、これだけ出せ、と金額も大きく跳ね上がってきますね。

お金だけでなく、「自衛隊と米軍を合体」させろ、そして、ウクライナやシリアに米軍と一体化して展開するのが当たり前だろう、とね。

今回の交渉ではないかもしれませんが、最終的にはそういう方向に向かうんじゃないかと思います。

喜多見 息子の学友で自衛隊に入った子がいるんですけど、今の時期に入るか、と思いました。自衛隊の軍隊化という流れはあるかと思いますが、核兵器についてはどうですか？

ヤス 2020年代になったときに、最終的には、日本に選択肢がつきつけられるはずです。米軍と完全に一体化すれば日本の防衛の一部は担ってやる、その代わり金を払えというような状態になるかもしれません。しかしそれは、不本意な戦争に引っ張り込まれることを意味します。

だったら、日米同盟をもっとぐっと緩和させながら、そこまでコミットしない。その代わり自国を守るために日本が核兵器を持とうか、という方向にいく可能性が出てきてもおかしくはない。

日米同盟に取って代わるものは、中国・ロシアとの同盟か。一帯一路に組み込まれていく日本。

喜多見　その2つの流れの、どちらかに行く可能性があると。

ヤス　日米同盟が弱ってきたときに入ってくるのは「中国とロシア」で、どちらかからオファーがあるのではないかと思います。
こっちへおいで、我々と安全保障条約を結ぼう、とね。

喜多見　日本はまた、入ってしまいそう。

ヤス　でもそれは、すごくおいしいオファーだと思いますよ。
そうなったら、はっきり言って「香港」に似た状態です。中華圏では日本は超エリート扱いでしょうし、政策には一切関与しない。外交政策で中国に賛同してくれて、これだけやってくれたら後は全部自由。一帯一路もオープンだし、中国の国内の経済圏もオープンだから、どんどんやってくださいという状態です。

喜多見　一帯一路も北海道まで来ていますからね。

ヤス　そうですね。それが、おそらく生き残る道といえばそうかもしれない。僕は親中派というわけじゃないし、別の意味での従属になるかもしれないけど、基本的には、私たちの日常も社会も変わらないまま、いける。むしろ一帯一路に抱き込まれたほうが、大きく経済発展するでしょう。

日本が「核」を持つようになる可能性は、高い。

喜多見　確かに。そうかもしれません。核兵器にこだわるようですが、私の見た記事では、多分、三菱重工とＩＨＩあたりだと思うんですが、核爆弾をいつでもつくれる部品をもうすでに持っているので、号令がかかればいつでもつくれるという記事だったんです。それはそれで、まずいなと思うんですが。

ヤス　今の話で思い出したのですが、２００２年くらいだったと思いますが、香港に本社を置くアジアタイムズという英字新聞があって、すごくクオリティの高い新聞なんです。そこの記者が、日本の核兵器開発能力を調べるために防衛庁まで行って、直接インタビューした。日本が核武装を決意して、核兵器をつくるとしたら、どのくらいで何発つくれるかと。そうしたら、「186日で6発」つくれると答えた。

記者は、あまりにも具体的な数字が出てきて驚いたという記事を読みました。ということは、つくる準備はもうしているということですね。

喜多見　上の人たちのシナリオの中には、もうそれがあるんでしょう。

ヤス　そうですね。政権与党だった自民党の保守本流の昔の人たちは、あらゆるケースを想定していたんじゃないかな。だから、「アメリカが同盟国ではなくなる」ケースも想定していたでしょう。

核武装して、憲法改正するということが、本来の従属状態を抜け出すおそらく唯一の道と考えたのもしれません。

戦中派の政治家にはあったものが、今の政治家にはない。そして日本のシンクタンクも海外にくらべて、あまりに貧弱。

喜多見　今になってみれば、田中角栄は日本のことをとことん考えて、アメリカと闘い、はめられて、最後は亡くなってしまう。あんな闘う政治家はもう今の時代はいないですね。

ヤス いないですね。個別に細かくみればいるかもしれないけれど、やはりとことん現実的じゃないと無理だということですよね。
30年、40年前までの戦中派の政治家は、日本の崩壊をみて、国家の崩壊がどういうものか、国が復興するにはどういうプランが可能か、実際に復興を導いて考え抜いてきた人たちの集まりです。
これは、恐ろしいほどの現実主義者、プランナーの集まりなわけです。彼らと比べると、今の時代の政治家、特に私たちより若い時代の政治家にはほとんどそういう体験も教育もない。

喜多見 ヤスさんがおっしゃっているように、海外には素晴らしいシンクタンクがたくさんありますが、日本にはそうしたシンクタンクはないんですか？

ヤス 日本にはないですね。野村総研や大和総研など、民間のシンクタンクばかりです。

喜多見 海外シンクタンクに比べ、あまり大したことやっていないように見えます。

ヤス　ええ、全然やっていないですね。

たとえば、海外の民間シンクタンクで、ＣＩＡ系の「ストラトフォー」（Stratfor）というシンクタンクがあります。僕はそこの記事をよく読むんですが、彼らは世界中にネットワークを張り巡らせて、あらゆるところから情報をとってきて、最終的にその国の情勢がどうなのかを予想するんです。

そこの人たちはユーチューブのチャンネルも持っていて、わかりやすく予測しています。たとえば、「中国のバブル崩壊が近いといわれているけれど実際はこうだ」とか、「トランプ政権の強みと脆弱性はこういうところにある」というように、わかりやすく俯瞰的な考察をしてくれます。

ここの所長をやっているのは、元ＣＩＡの分析官を務めていたジョージ・フリードマンという人なんですが、そのユーチューブをみると、みんな若いんです。20代後半とか30代はじめの人たちが幹部を務めていて、みなびっくりするくらい知的なプレゼンテーションをしますね。

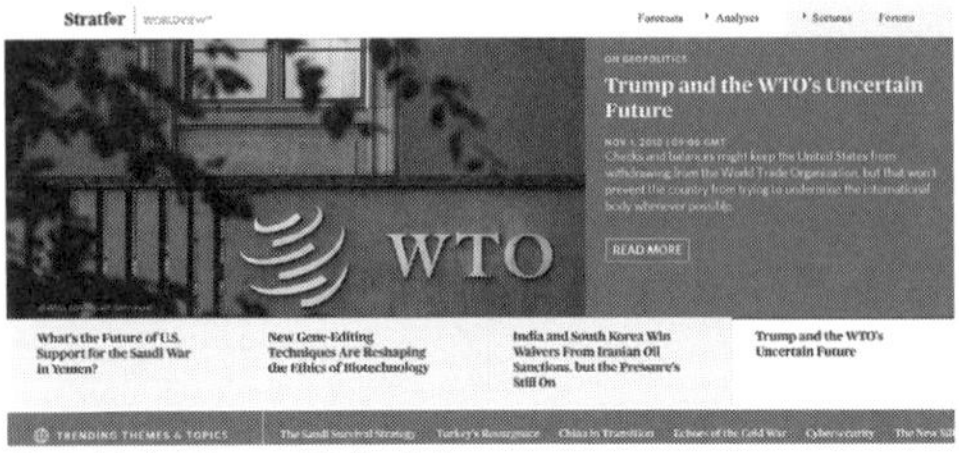

ストラトフォーのサイト

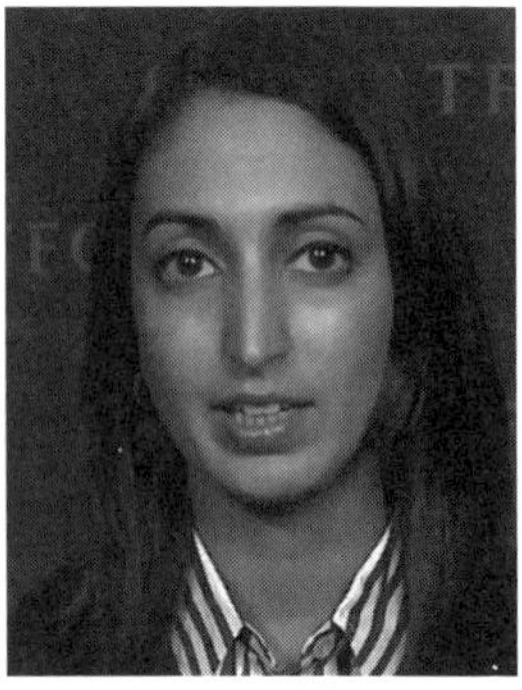
ストラトフォーの副社長のひとり

喜多見　残念だなあ。日本にはそういう人材が出てこないのか。

人材の不足は、教育制度のあり方に大きく影響される。本当に大切なのは、徹底した「一般教養」だ。

ヤス　やはり教育制度の違いですね。戦前の教育を称賛するわけではありませんが、当時の日本の大学進学率は5％に満たない。なおかつ、帝国大学といったら、そのうちのごくごく一握り。でもそうなるとそこに、本当に優秀な人材がいた。当時は国家を運営するためのエリート教育が存在していたといってもいいでしょう。

今は欧米や中国には、エリート教育機関があります。国家を運営するための人材を育てる機関です。

フランスだったら、「グランゼコール」という非常に専門性が高く、超難関のエリート教育機関があり、大統領や首相を輩出しています。そこに行ったらもう高級官僚確定です。

ロシアもその典型です。外務省の官僚になりたければ、専用の大学があります。ＫＧＢの職員にも、専門の学校がありますしね。

エリート教育というのは全然違いますよ、見方がね。細かな実務ではなくて、「すべてを俯瞰的にみて、システムとしてとらえ」、どこをどう動かせば、最適なところに落とし込めるかを学ぶんです。

喜多見 日本も京大などにいい人材はいるのに、俯瞰的に、システムとしては見ていないんでしょうか。

ヤス そういうことです。分野にいきなり細分化するんじゃなくて、大切なのは「一般教養」なんですよ。アメリカでいうと、「リベラルアーツ」といわれている特殊な大学があります。文科系なんですが、分野を問わず広範にあらゆることを学びます。フランスのグランゼコールもそうで、基本的にはリベラルアーツの大学です。

彼らは、大企業のマネージャーになっても、軍隊の司令官になっても、どのような環境に置かれても、自分がリーダーになれば、2日間で完璧に目的を完遂できる能力を持っています。そうしたエリート教育をしている学校は日本にはないですね。

喜多見 ヴォイスで以前出した本『驚天動地』の著者、アミット・ゴスワミはアメリカ在住のインド人で、量子物理学者なんですが、その人にどんなふうに勉強してきたの、と聞いたら、ありとあらゆる絶対はずせない重要な本、いわゆる人類がこれまで成し遂げてきた業績が書いてある本を過去から全部読んできた。そこから考えているとおっしゃっていました。

ヤス　おっしゃるとおりで、それがまさにリベラルアーツですね。僕は大学の1年半、アメリカに行っていますが、リベラルアーツの大学で、まずはカントを勉強させられました。本の読み方から学びましたね。

喜多見　日本の大学や大学院では、全部を鳥瞰図的に人類史としてみているということは、あまりないですよね。

ヤス　ないですね。

まずは情報の取り方の訓練です。それは本の読み方にあらわれる。先生は、「まず君たちが本を読むとき、ここは自分の関心があるところ、ここは関心がないところという、そういう読み方はやめなさい」と。「本を読むということは、本の内容を自分の関心に向けて、〝解体〟していく作業だ」というんですね。

喜多見　まずはトータルに全部受け取れ、と。

ヤス　その受け取り方ですが、本は、概念のシステムになっているというんです。「前提」があって、前提から「結論」が導かれて、その結論がまた前提になって、さらにその結論が導かれて、という「階層構造」になっていると。

どの概念とどの概念がどう結ばれて、なんの前提からどういう結論になっているか、システム全体から抜き出せということなんですね。抜き出すような読み方ができないとダメだと。まず本で訓練しなさい、なぜなら世の中はすべて、同じ構造でできているからだと。

「世界の構造は本から学べ」と、徹底的にやらされました。

論理の展開を読み取る。これが前提、これが結論ということをみるんですが、起承転結でいえば、なにが起で、どこが承で、どれが転で、どれが結かと見ていきます。

たとえば、以前、難しい本を課題にされて、1日でA4一枚にすべての内容を要約し、レポートを書いて出せと。それを毎日毎日やらされた。留学している間には鍛えられましたよ。

喜多見 日本の危機の話から最後は教育の話になってしまいましたね。後でまた、ヤスさんの情報収集力の項目で聞かせてください。

第3章

地震と気候変動が、日本を襲う。

確度の高い、地震予知法とはなにか。ラドンガスによる、成層圏の熱源現象。

喜多見 ここでは、地震や気象変動についてうかがっていきます。ヤスさんは地震についてもずっとウォッチしていらっしゃいますね。地震の予兆についても、地震学者のようにいろいろな面から研究されていると思うんですが、予兆にはどんな種類があるんですか?

ヤス 今、たとえば、東大の地震研究所では、主流の地震の予知方法としては、「岩盤の歪みの度合い」です。歪みがあればあるほどエネルギーが溜まっていて、臨界点に達すると、はじけるだろうと。どのくらいのエネルギーがたまっているかをみています。それ以外には、「ラドン濃度の上昇」です。「成層圏の熱源現象」として表れます。成層圏に熱が溜まって、赤外線カメラで見ると、真っ赤に見えます。これはNASAが発見した理論で、断層上の断層が活性化してゆがむと膨大な量の花崗岩がガラガラと壊され、ラドンガスが発生するからです。

喜多見 ラドンガスって、どのような組成ですか?

ヤス　放射性ガスです。においはありません。ラドン温泉ってありますでしょ。

喜多見　有名な玉川温泉の例のやつですか？　ガン患者さんたちが行かれているとテレビでも紹介されていますね。

ヤス　低線量であればむしろ健康によいとされています。花崗岩が崩されると、ラドンガスが発生するというのが実験で確かめられています。

したがって、第一に、地震の予兆では、ラドン濃度の上昇。そして、ラドンガスが成層圏に上昇していくと、大気がイオン化反応し、熱を放出します。そのために、衛星写真で見ると、断層の上空が真っ赤に見えるらしいのです。311の東日本大震災の時には、3月7日に熱源現象として現れて、真っ赤に見えたそうです。ほとんどすべての大地震では、衛星写真から見ると熱源現象が現れています。

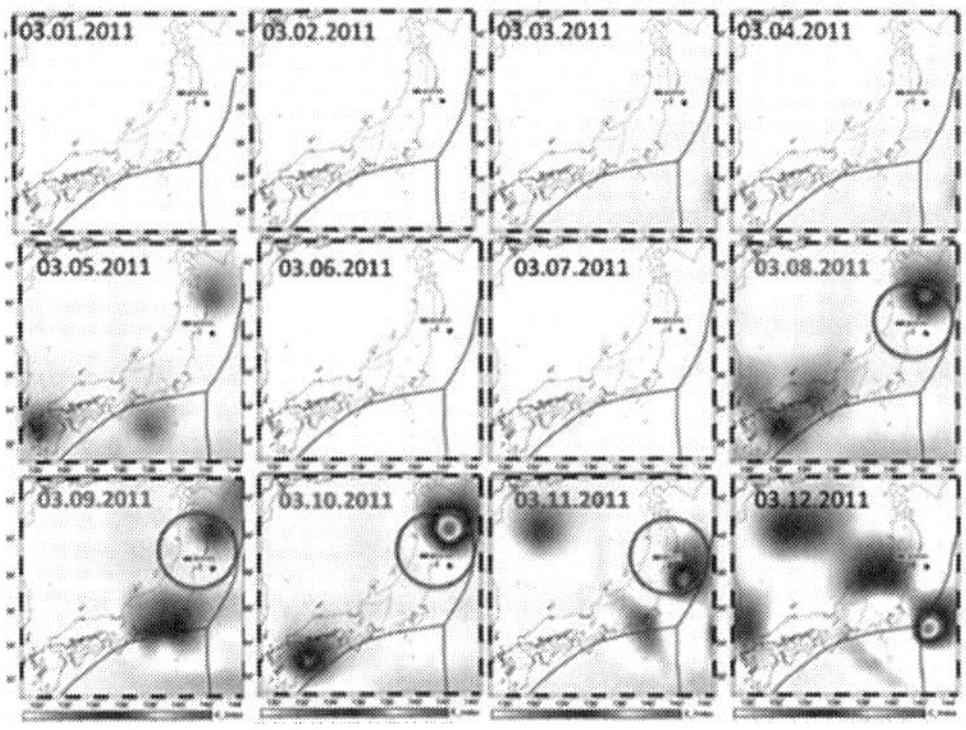

東日本大震災時の熱源現象

喜多見　衛星で成層圏の温度をみていれば、ある程度地震の予兆がわかると。

ヤス　赤外線衛星というやつです。温度が上昇したら赤く見えます。今、ＪＡＸＡの赤外衛星写真の画像が比較的アクセス可能な状態です。素人が見てもわかりませんが、それを使って、ここに熱源現象があるととらえて地震予知をしている研究機関がありますので、有料で所属していると警告がきます。
ただ、熱源現象があるからといって必ずしも地震が起こるとは限らない。地震が近いのはわかるけれど、たとえば1週間後に地震が発生するとは限らないということです。ネットに全国のラドン濃度が出ているサイトもありますし、熱源現象に基づいて地震予知を発信している人たちもいます。

超長波や、地電流、確率論も地震を予知する。

それと、もうひとつは、超長波／長波（ＶＬＦ／ＬＦ）です。断層が動くと超長波／長波を発生します。これを観測することで地震の発生を予測する方法もあります。私たちが測定機械を買わなくても、調べている人たちがいるので、そちらを見るほうがいいでしょう。
あとは、「地電流」。地電流の観測はまだ科学的にはっきりわからないことがあるんですが、地震の周辺に地電流が流れるらしい。
もうひとつ、数学的な解析の方法で、ひとつの地震があったら、数学的確率論から見て、次にいつこのくらいの地震が発生してもおかしくないという「確率計算」もあります。「グーテンベルグ・リヒター則」という手法です。これは数学なので、僕もちょっとわからないところがあるんですが、いずれにせよ、4つくらいの手法を各々用いて地震予知をおこなっている民間の研究所があります。大体の研究所の的中率は4～5割くらいです。

喜多見　大したもんですね。

「ゆれズバ」は、有料だが、手軽で使いやすく確度も高い。

ヤス　そうですね。私はラドンを用いていますとか、私は熱源現象を調べています、というようにバラバラに調べていますが、この中で、2018年9月6日に起こった北海道胆振の地震ですが、8月27日から大地震警報を出していたところがあるんです。
「ゆれズバ」というスマホのアプリを出しているブレイン地震予報というサービスです。

喜多見　そこはどの技法を使っているんですか？

ヤス　ここは4つ全部を使っています。

日本の地震本部といわれる、日本政府がつくった「地震予知センター」の調べでは、胆振地方の地震は今後30年間ほぼゼロの予想だったのに、ここだけが8月27日に警報を出していたんです。

情報料は有料ですが、アイフォンとアンドロイド用のスマホアプリで見られます。週1回くらいの更新で、中規模とか大規模とかマークも色別でありますので、見やすいと思います。

ちなみに胆振地方は、このアプリで8月27日からずっと赤色の警告が出ていました。

「ゆれずば」の地震予知は87％の確率で当たっています。もしもこのアプリで東京地方に赤色が出たら、まずは逃げたほうがいいかもしれません。

ブレイン地震予報のサイト http://brain-s.com/

南海トラフの巨大地震は、近々起こるのか？

喜多見　南海トラフ巨大地震が本当に起こったら、日本の大動脈は寸断され大変なことになると思いますが、そのへんはどうですか？

ヤス ラドン濃度などの計測サイトをみると、ラドン濃度が高知とか、高いわ高いわ。むちゃくちゃ高い。

喜多見 そうなんですよね。矢印の長さでずれ動いている距離を示す地図がありますが、それでみると、四国はかなり動いています。

ヤス 確かに高知の地殻変動、土地の移動は大きいらしい。

喜多見 太平洋側など広いエリアで大地震が起こるケースもありますが、九州、四国と場所場所で起こる可能性もありますね。

ヤス あらゆるケースが考えられます。愛媛に松山断層というのがあって、あれも注意が必要だという話は聞いています。
長期的な地震のサイクル理論を研究している地震学者がいて、日本の高度経済成長期は、地震のサイクルでいうと最小期にあたっていたというんです。しかし2000年からそのサイクルは変わったと言っています。

喜多見　なるほど。

4つの地震周期が重なったとき（今）が危ない。場所は環太平洋火山帯。

ヤス　おもしろい理論があって、科学的なものではないんですが、金融の市場変動予測をやっているエコノミストがいて、よく当たるんです。彼のニューズレターによると、市場変動と火山や地震のサイクルがどうも重なっている部分があるという発見をした。

喜多見　おもしろい。確かに両方、「周期論」ですから。

ヤス　地震と火山のサイクルを自分で研究し始めた。そうすると、4つくらいのサイクルがわかったらしいです。
「14年サイクル、28年サイクル、40年サイクル、100年サイクル」とあって、2つ、3つのサイクルの「交点」になる年が危険なようです。地震のラッシュ、火山噴火のラッシュになると。

喜多見　場所的なこともわかるんですか？

ヤス　ええ、場所的にも大体はわかるようです。今は、「環太平洋火山帯」の周辺で起こるだろうと。彼は2009年くらいに、2011年に日本が危ないと言っていました。それは311のことですよね。「2018年後半から2020年」までは、4サイクルの交点にあたっているので、これは地震と火山噴火のラッシュだというんですね。

喜多見　やはり地震の当たり年なんですね。

ヤス　調べてみると、8月の半ばから胆振の地震が起こった九月六日ごろまでをみると、世界ではほとんど毎日のようにM6～7くらいの地震が起こっています。本当にラッシュです。

富士山の噴火だって起こりうる。

喜多見　富士山の噴火についてはどう思われますか？

ヤス　噴火の可能性はあるでしょうね、当然。絶対ないといえるようなものはありません。富士山が噴火した場合、その規模にもよりますが、1707年の宝永大噴火では、江戸に火山灰が1センチくらい溜まったという記録があります。浄水場に溜まると水がダメになる。火山灰は硝子質ですから、目に入って失明したり、肺に入って喘息になったり、人体にも深刻な影響があります。

喜多見　それと、富士が噴火したら、東京と大阪が分断されます。東名高速もダメになる。

ラドン濃度で見る予測法でも、高知は活性化している。

ヤス　「ラドグラフ」というサイト（RadGraph.com）なんですが、全国のラドン濃度が見えるんです。少し見方が難しいんですが、青の線を上下で見てくれというんです。普通は平らで変動がないんですが、地震が起こると大きく動きます。高知はいつも非常に活性化しているので、注視していく必要があるでしょうね。

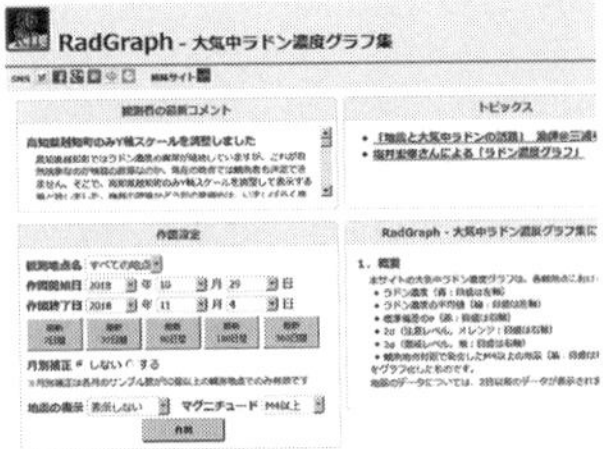

ラドグラフのサイト

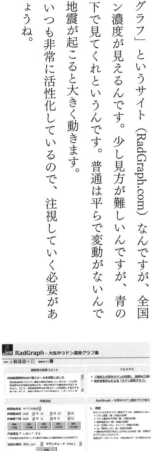

喜多見　「太陽黒点」の活性によって、経済も影響を受けるし、地震も影響を受けるという研究があります。

太陽黒点は、地震にも、人間の心理にも多大な影響を与える。

ヤス　1920年代のロシアの科学者で、チェジェフスキという人がいます。太陽活動論を唱えました。

歴史の中には歴史的変動期と呼べる時期があります。彼は、歴史的に平穏な時期と、革命がたくさん起こる時期をすべてグラフにしてみた。平穏期、変動期、平穏期、変動期と。それらと、太陽活動の周期を合わせてみたら、ぴたりと一致したというんです。

すなわち、太陽黒点が多くて、太陽活動が非常に盛んなときには、「歴史的な意味での革命や暴動や戦争」など、社会変動の時期になっていると。

黒点の最多期に起こった代表的な出来事

- 1989年　ベルリンの壁崩壊
- 1990年　東ヨーロッパ社会主義圏崩壊
- 1990年　第一次湾岸戦争開始

・1991年　ソビエト崩壊
・2001年　9・11同時多発テロ
・2001年　アフガン攻撃開始
・2003年　イラク攻撃開始
・2004年　スペイン列車爆破テロ

喜多見　人間の感情に影響するのかもしれませんね。

ヤス　そうです。彼はそのような理論は唱えましたが、その理由は解明できなかった。でも太陽黒点は人間心理に大きな影響を与えるということでしょう。

たとえば、興味深いのですが、現時点で、911から始まるきわめて大きな変動期がありました。あれは1999年くらいからの太陽黒点の最多期の中に入っていた。

太陽活動がきわめて盛んな時期と、911、アフガニスタン戦争、イラク侵略戦争が大体一致していて、さらに、ソビエトの崩壊からさまざまな社会主義国の崩壊、1989年から1992〜3年

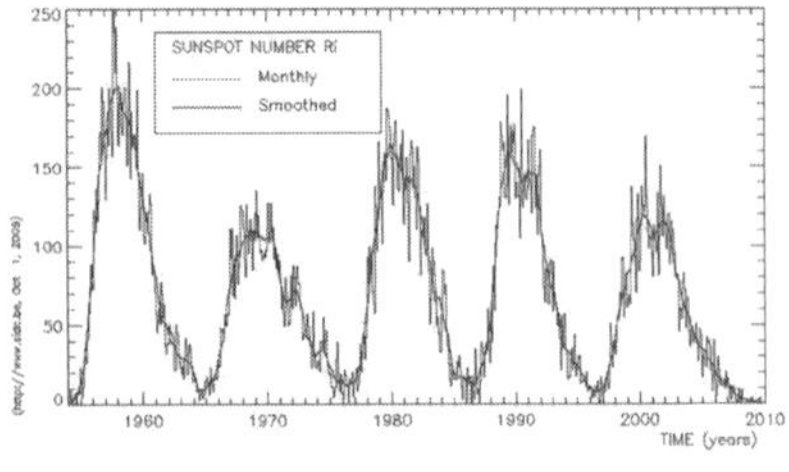

最近の太陽黒点の変動

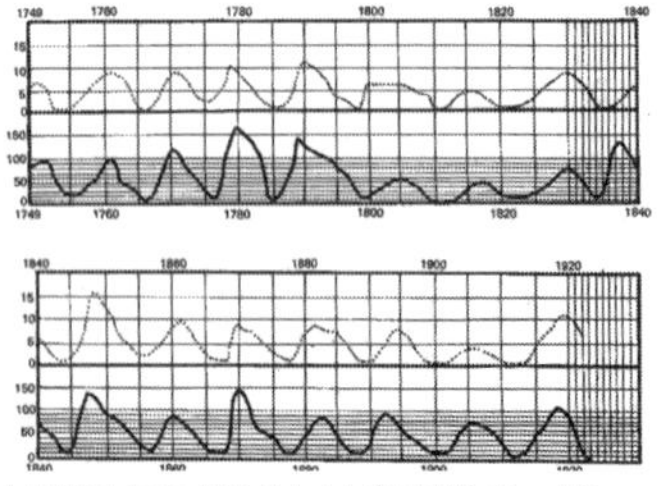
太陽黒点の増減と社会変動の一致

までの変動期は、太陽の最活性時期と一致しています。

喜多見　今は太陽の活性時期なんですか？

ヤス　今は結構活性化しています。でも、2つの見方があって、太陽は寒冷化に向かっているという見方からすれば、太陽活動がどんどん沈静化する方向なのかもしれません。

今までに多くの実験がなされてきた地震兵器研究。

喜多見　話は変わりますが、HAAP（ハープ）という地震兵器でも地震を引き起こせるという話もあります。

ヤス　それは陰謀論ではなく、地震兵器は確かにあると思います。阪神淡路大震災でがらっと変わったんですが、それ以前は、気象庁が人工的に地震を起こしたという新聞記事がたくさん載っていました。リサーチのためにですが。
気象庁が使ったのは爆弾ではないですが、大きな破裂をさせる装置を断層の中に仕掛けておいて、圧力を加えて断層を爆発させる。アメリカも当時のソビエトも、断層の中に爆弾を仕掛けて地震を起こすという実験は数多くやっていました。

喜多見 「地球」という名の探査船があって、あそこに埋めたんじゃないの、なんて言われていますよね。

ヤス そうですね。実証的な証拠はないですが、その可能性は排除すべきではない。すべての可能性を頭に入れておくべきです。

311の東日本大震災は、「6つの核爆弾を使った人工地震」という脅威の内部告発証言。

2011年3月11日の東日本大震災に関しては、本当にディープな陰謀論系になりますが、アメリカの国家安全保障局（NSA）から離脱したスノーデンの前に、実は離脱した内部告発者がいて、ジム・ストーンと（Jim Stone）といいます。彼がなにを言ったかというと、実は「東日本大震災は人工地震」である、と。

「プロジェクト・キャメロット」という政府の内部告発者を発見するサイトが証言を録ってきた。そしてその内容は驚くべきものだったんです。

「実はあの津波は、核爆弾によって起こされたもので、海底の断層の中に6つの核爆弾を我々は仕掛けた。そして内陸部で本当の地震が起こるのを待っていた。内陸部で地震が起こったら、そのタイミングで核爆弾を全部爆発させると、まさに地震によって津波が起こったように見える。それをやったのは我々である」と。

福島の放射能漏れを引き起こしたのは、「スタックスネット」というマルウェアだ、という証言。

そして、福島の第1原発の放射能漏れを引き起こしたのも我々であるというんです。現在、全世界で原発の安全性を確保する会社はイスラエルの1社しかありません。そこに頼むしかないので、福島第一原発もそこに頼んだわけです。

彼らがなにをしたかというと、福島第一の原発をコントロールするコンピュータにウイルス（マルウェア）を仕込んだ。

おそらくスタックスネット（Stuxnet）というウイルスですが、その働きは、まずどのような状態でコントロールパネルが正常と認識するのかを探り、どんなに異常が出ても、パネル上は「正常」としか表示されないようにします。

津波が来る、電源装置が押される、原子炉の温度が急上昇する。しかしパネル上は正常としか表示されないわけです。

核テロの目的に、イランの核兵器開発阻止が関係している、という深い疑惑。

喜多見　そのテロの目的は、なんですか？

ヤス　その目的にイランが関わっています。これは事実ですが、２０１０年当時、イランが核兵器を開発しているのではという疑惑があった。イラン政府は、核兵器の開発ではなく、自分たちはエネルギーとして原子力を平和利用したいだけだ、と言い張っていました。それでも核兵器を開発しているに違いないといわれていた時、当時の菅政権が「だったら、プルトニウムの濃縮を日本でやろう」と言ったんです。核兵器を開発できないくらいの低レベルのプルトニウムであればイランが核兵器を開発していないという証拠になるでしょうというわけですが、それに対する報復だというんです。

喜多見　それは、誰からの報復ですか？

ヤス　イスラエルです。

喜多見　そうか。なるほど。

ヤス　イランをつぶしたいイスラエルの報復です。日本がそれ以上できないようにした。

同じマルウェアは、すでに日本の基幹インフラに深く組み込まれているという情報。

喜多見　そのウイルスが、すでに日本の発電所などの根幹のところにも仕込まれていて、いつでも日本を停電させられるという話もありますね。

ヤス　それはスノーデン証言です。2016年に、オリバー・ストーン監督が「スノーデン」という映画をつくりました。あれはスノーデンの証言に基づいたドキュメンタリー手法の映画なんです。ほとんどフィクション部分はない。

彼は2009~2010年、横田基地にいた。そこでなにをやっていたかというと、彼の証言では、いわゆる日本のすべての民間のインフラ、発電所や水道など全部にウイルスを侵入させているると語っています。
日本がアメリカの同盟国ではなくなったときには、一斉にスイッチを入れて攻撃できる。そうした仕組みが既に日本のインフラの中に入っているというんですね。

喜多見 それを聞いて、なぜみんな調べてみようとかしないのかな?

ヤス オリバー・ストーン監督が日本にきた時に、岩上安身《いわかみやすみ》というジャーナリストが「こういう内容があるがどういうことだ?」と尋ねたら、オリバー監督が目を輝かせて、「やっと聞いてくれたか。なぜこんな重要な情報を誰も聞いてくれないんだ。よく聞いてくれた!」と言って、いろいろ説明してくれたそうです。
スノーデンが本当にこう言っていたと。そして、入っているウイルスはスタックスネットであると。イスラエルが2010年に開発したウイルスです。

喜多見 イスラエルはそういうテクノロジーを持っているんですね。

ヤス ええ。それは日本のみならず、イギリス、オーストリアなど、何か国かに仕掛けて、同盟国でなくなったら、いつでもスイッチを入れられるようになっているそうです。

「アメリカが覇権の中心にいないと世界が危ない」という特殊なメンタリティがもたらす危険。

喜多見　なんでそういう考えになるのか・・・。

ヤス　ネオコン系でもなんでもアメリカの覇権戦略を書いてきた、戦略立案者たちの書いた論文や本なんてゴロゴロありますからね。自由に読めます。カーター政権時の大統領補佐官だったズビグネフ・ブレジンスキーがＣＦＲ（外交問題評議会）の中枢にいて、最近亡くなりました。彼が、１９９７年に、「世界はこう動く（The Grand Chessboard）」という本を書いた。読むと、彼らがなにを目指していたのかがわかります。そのとおりになっているので、今読むと面白いです。

ほかの人たちが書いた本やレポートをみると、内容が一貫しているのは、国益のためというより、ある「特定のメンタリティ」なんです。すなわち、アメリカが世界のリーダーではない世界は、カオスの中に地盤沈下して、世界そのものが成り立たなくなるという理解なんです。

喜多見　そう思っているんだ・・・。

ヤス　秩序か、カオスか、の選択だと。自分たちが法律であり、自分たちがいなくなったら、世界は万人による闘争になる。世界は混乱の中で自滅していくのだと。

喜多見　よくそこまで考えますね（笑）。

ヤス　自滅を避けるためにはアメリカを中心とした秩序をなにがなんでも樹立せねばならないと。

喜多見　ブレジンスキーも知的な人だとは思うけれど、そこで普通は「待てよ、ちょっとこれは偏りすぎかな」と思うじゃないですか。それを思わないというのが、すごい。

ヤス　その背景になっているのは、第一次、第二次世界大戦だと思います。アメリカが世界の中心でなかった時に、お互い殺し合って、万人による闘争になった。またあの時のような世界がくるぞと。

第4章

世界が激しくシュリンクした後に起こる「劇的経済発展」。

アメリカの凋落と中華経済圏の興隆を早くから予測したシンクタンクが、2020〜40年の世界の「劇的経済拡大」を予言。

喜多見　今まで話してきたような、世界のシュリンク、その落ちた後に起こるであろうといわれている「劇的な拡大期」、経済的ジャンプについて。それを予言しているLEAP2020というシンクタンクがあるらしいですね。

ヤス　「LEAP2020」(http://www.leap2020.net/?lang=en)というのは、汎ヨーロッパ政党、すなわちEUの政党の党首によってつくられたシンクタンクです。その政党はヨーロッパ各地に支部を持って、EU全体がこれから統合されるので、EU全体をひとつにする政党がいるという「汎ヨーロッパ運動」に属していました。

このシンクタンクの予測がとてもよく当たる。

2006年設立で、「これからアメリカの金融危機が起こって世界の多極化が進む。どんどん多極化の方向へいき、最終的にはアメリカの権威が失墜。中華経済圏を中心とした新しい秩序に世界が移行する」と、早々と2006年に予測しています。

なおかつそれを言った同じ年に、具体的進行ステップを4つくらい考えていて、危機の初期段階、危機の発展期など、それがいつなのかという具体的にスケジュールまで出した。そしてそれらは、そのとおりに進行していったんです。まず2006年は、まさにアメリカのリーマンショックの前のグローバリゼーションの絶頂期で、とても景気がよかった。サブプライムローンあたりの問題などまったく出ていない時期です。そんな時に、危機を正確に予言したんです。

喜多見　ヨーロッパのシンクタンクも、たいしたもんですね。

ヤス　たいしたもんです。

2007年3月にサブプライムローンの問題が出てきても、誰もその時は金融危機に広がると思ってもいなかった。

ここだけですよ、これが予兆で、それがどんどん拡大していって、アメリカのグローバリゼーションを否定するくらいの金融危機になるだろうとスケジュールまで出してきたのは。それらが次々当たってきている。

それ以降もやはり毎月レポートを出していて、今こういう方向へ向かっていると的確に予測しています。LEAP2020はそういうシンクタンクです。

ちなみにここは今、ほかにどういうことを言っているかというと、おそらく1回は金融危機のようなことが起こるだろうと、そして、EUが解体の危機またはかなり厳しい状況に陥っていて、ナショナリズムが吹き荒れるような状態になるだろうと。

喜多見　それは時期的には何年ごろと言っているんですか？

ヤス　2019年ごろから始まると言っています。来年は欧州議会選挙がありまして、EUの議会なんですが、極右が大躍進しそうです。その結果、どんどんEUが弱体化の方向へ向かっていく。しかし、アメリカはもっと衰退すると言っています。政治的に、もう維持できないと。現在のアメリカは南北戦争以後に出来上がった枠組みなので矛盾を抱えていて、南部と北部の対立や、農村と都市の対立など。それを処理するための機構が南北戦争以降に発達してきたけれど、今は南北戦争当時に戻った状態だというんです。内戦になるとは言わないけれど、それを匂わしています。アメリカ内部の対立はもはや政治的には決着がつかないくらい拡大すると。

こうした厳しい期間が2020年代初めまでくらいは続くが、その厳しい期間を乗り越えれば、「2020年～40年」くらいにかけて、とてつもないテクノロジーの伸長による「第4次産業革命」が成熟期に向かうと語っています。テクノロジーの発展によって現代の世界が塗り替えられていくような発展期に入っていくと。

第4次産業革命の4つのメインテクノロジーを組み合わせると、これからの超未来な世界が見えてくる。

喜多見　第1章後半にも話題にしました、第4次産業革命のテクノロジーには4つあるんでしたね。

ヤス　ええ。ひとつには「超高圧送電」。数万キロの距離をロスなく送電するための送電線です。そして「再生可能エネルギー」ですね。1章でも申し上げたように、いま発電のためのコストがどんどん安くなってきています。

そして、「ブロックチェーン」と「AI&ビッグデータ」でした。これらのテクノロジーを組み合わせると、どんなシステムになっていくかというと、こんな感じです。

太陽光発電だとすると、それぞれの家が発電所になる。私の家、あなたの家に「スマートメーター」というメーターをつけておく。その中にAIが組み込まれています。

そしてスマートメーターは「ブロックチェーン」で結ばれています。

すると、スマートメーターに入っている「AI」によって、どのくらいの電力の過不足があるかを全部予測してくれるわけです。

たとえば、自分の家の発電量が余っている場合には、ブロックチェーン上に登録している近隣の家に、なにもしなくても自動的に電気を送ってくれる。

逆に発電量が少ない場合、足りない場合は、近隣の家から自動的に買ってくれる。なにもしなくても、スマートメーターの自動調整機能でひとつのコミュニティの電力の過不足が一切ないという状態にしてくれます。

風力にもこれは応用できます。大きなファンが回っていて風が当たりすぎて発電量が多すぎると、バッテリーがオーバーフローを起こしてしまうので、バッテリーの許容量までしか発電できない。しかし、ブロックチェーンで管理しＡＩが入っていると、風の量が多すぎると、ファンの回転数を自動的にゆっくりにさせることができる。逆に発電量が足りないと、ファンの回転数を上げてくれます。全部自動調整できます。

喜多見　そのスマートメーターで一帯をネットワーク化して、調整し合っていくというのは、もう始まっているんですか？

ヤス　もう始まっています。ＡＩを組み込んだブロックチェーンだとサーバーも管理者も不要。全部自動化できる管理システムなので、それらを活用したプロジェクトも目白押しです。電気自動車の充電システムにも、このブロックチェーン＋ＡＩで画期的なシステムが組めます。

喜多見　あれもバッテリーですもんね。

ヤス　はい、充電器が街のいたるところにあって、すべてブロックチェーンでつながっています。支払いはスマホの暗号通貨です。自分がいくら払ったかの記録もすべてブロックチェーン上に登録され、後で自分がこれだけ使っているなと確認できます。これも会社がすでにあって、ヨーロッパでも大規模な実験をやっています。

喜多見　今のところ、電力は太陽光発電、風力発電、地熱などいろいろありますが、成層圏まで立ち上げて太陽で発電する宇宙ソーラーというのもありました。

ヤス　海の波の力を利用した発電方式もあります。すべてが再生可能エネルギーのグループです。これから急速にそちらに移行する気がします。

喜多見　今まではコストがネックで、あまり進んでいない部分もありました。

ヤス　日本だけは、なぜか後ろ向きなんです。

喜多見　どうしてでしょう？

火力発電にこだわって、再生可能エネルギーに出遅れる日本。

ヤス　安倍政権が高機能火力発電所をインドネシアやほかの国に売っています。なぜこれを売るかというと、二酸化炭素の発生量が16％少ない発電所だと。去年の「ＣＯＰ２３」という温暖化の会議に、政府の代表団と製造メーカーが一団となって売り込みに行ったんですが、ケチョンケチョンに叩かれた。

喜多見　時代に逆行していますよね。

ヤス　そう、まさに。まったく相手にされず、いわゆる火力発電所系の企業に投資している海外投資家も引き上げてしまった。東芝も日立も日本の製造業メーカーはそれを見てびっくり。日本政府もびっくりした。火力発電所を売っている場合かと焦った。売れというのは経団連の要求だったらしい。経団連に当時の中山環境大臣みずから言ったらしい。「こんなのを売っていていいのか？」と。すると「ぜひ売ってほしい。設備投資に先行投資してしまったから、回収するまでは無理だ、売ってくれ」と言われたようです。

喜多見　先行投資するなら再生可能エネルギーのほうに行けばよかったのに。ヨーロッパでは補助金もたくさん出して広げようとしています。

ヤス　そうですね。これで日本はすっかり流れから取り残されてしまっています。

フリーエネルギーは、まだ町工場の段階。発展するには、大企業との技術提携などが必要。

喜多見　私、フリーエネルギーが、次の爆発的経済発展の起爆剤になるのではないか、と思ったりしています。

今まで、世の中は石油を中心にした者たちによって管理されてきたので、フリーエネルギーの発見者たちは、排除されたり買われたりして、なかなか表には出てきていないのかもしれません。

ヤス　これから一般化していくテクノロジーと、そうはっきりは言えないものとがあります。

今の流れからみると、石油や天然ガスは、今後どんどんほかのエネルギーに置き換えられていきます。しかしそれは、いきなりフリーエネルギーではなさそうです。

まずはソーラーや風の発電、再生可能エネルギーに置き換えられていくと思います。なぜかというと、フリーエネルギーは、まだ確実な原理が確立されていないからです。テスラを応用すればこういうことは可能であろうとか、反重力を生むような実験で成功例もあって、高い電磁波をかけると浮くとか、水で走る車があるとか、ユーチューブにたくさん出ていますけれどね。

喜多見　バイクに水を入れて走っています。

ヤス　ええ、でもまだ「町工場の段階」なんです。フリーエネルギーは。

たとえば自動車の発展を見てみると、最初はみな町工場や誰かの家のガレージで、自動で動く馬車のような感じで造っていた。それが1890年代です。

僕が思うに、フリーエネルギーには可能性はある。可能性はあるけれど、やはり、よく見ないとだめだと思うんです。妨害も、さほどの妨害ではないかもしれません。

わからないですよ。いろいろなケースがあるので。でも僕のイメージから言うと、まだ町工場の段階。

アップルコンピュータが当初、スティーブ・ジョブズのガレージで作られていたわけです。商品化には時間がかかります。商品化は、オタクの趣味のレベルでは難しい。

今はまだその段階で、町工場のテクノロジーがいきなり国家のインフラになれるか、社会のインフラを根源的に変えるテクノロジーになれるか、というと難しいかもしれません。

喜多見 50ccのバイクが、水でどれほどの距離を走れるか、何かほかに欠点があるのかもわかりませんが、でも、できるんだったら、やればいいのに、とみんなが思っています。

ヤス たとえば町工場の技術が、どこかのメーカーと製品化されていきなりメジャーになる、というパターンはありうる。水で走る50ccのバイクも本物だったら、どこかの大メーカーが提携して売り出して、本当に走ったら、一気にステップアップしてくるはずです。

今後の世界の発展のためには、「イスラエルをめぐる世界の変化」が重要な位置を占める。

喜多見 世界経済がこの後、劇的に発展するかどうかに、イスラエルの位置が結構重要な役割を果たしていくんじゃないか、という見方もあります。

ヤス テクノロジーはとても先端的なものを持っていますが、ほとんどが軍事技術です。おもしろい話ですが、イスラエルとロシアの関係はすこぶるいい。シリアに関しても妥協ができています。

イスラエルの要求はこう。要はシリアにおける「イランの存在が嫌」なんだと。

イランはイスラエルと敵対していますから、イランさえ追っ払ってくれれば、我々はアサド政権の存続を認めると言っています。

一方ロシアはなにに関心があるかというと、「アサド政権の存続」です。

なぜかというと、アサド政権がつぶれると、シリア全土がイスラム原理主義テロリストの巣窟になる。そのテロリストがロシアにまで入ってくるという脅威は否定できない。だから強いアサド政権にいてもらわないと困る、ということです。

それで、つい先日、ロシアがイランの説得を試みた。要するに、イラン系のヒズボッラのような民兵組織や、それ以外の政府系の組織に、シリアから撤兵する意志はないのかと聞いたら、イランはそれに対して強い抵抗を示した。「我々に指図できるような国は一切ない」と言ったそうです。

それでロシアはイスラエルに、我々にはイランは説得できないと。イスラエルはシリア国内にあるイラン系の軍の基地を攻撃しまくっていますが、それに対してロシアはある意味、容認しています。

最終的にイスラエルからいうと、イランを追い出してくれるなら、シリアはロシアの管理下に任せてもいいということでしょう。それで、中東が安全になるなら、それでもいいというスタンスです。

喜多見 将来的に、この問題はどのあたりに着地しそうですか？

ヤス 僕はまだ、シリアは荒れると思いますね。エネルギーのパイプライン問題も絡んでいますしね。

喜多見 そうでした。

ヤス アメリカのトランプ政権が、ロシアの支配下でいいですからとは、簡単に明け渡さないでしょう。

これからのエネルギーは石油から天然ガスに移行する。中東の天然ガス・パイプラインのルートをめぐる争い。

喜多見 天然ガスでしたね。

ヤス そう、天然ガスのパイプラインです。
ちなみに、今、世界のエネルギーが「石油」から「天然ガス」に比重が移ってきています。
天然ガスのほうがコストが安く、エネルギー効率がいい。ガスタービン発電のシステムでは、1回の天然ガスの燃料の注入で第1タービンを回して、その排ガスで第2タービンを回す。その排ガスで第3タービンを回すという仕組みです。

燃料費が安く、大量にエネルギーができるということでガスタービン発電は、今注目されています。日本でも、中部電力あたりはガスタービン発電をやっていると思います。

このように天然ガスの需要が強まっていて、2つのパイプライン・ルートがあるんですが、どちらもシリアを通る。

ひとつはカタール発。カタールといえば大ガス田が有名で、カタールの沖合にあるガスを引いてきて、シリアを通ってトルコまで流し、ヨーロッパに持っていくというガスラインです。もうひとつはロシア発のパイプライン。カタールのガス田はイランと共有していて、半分くらいはイランです。イランの天然ガスのパイプラインをイラクまで持っていく。イラクは今はイランの同盟国ですから。イラクからシリアを通って、海底のパイプラインで地中海を通して、ギリシャ経由で南ヨーロッパまで通します。

２００９年にオバマ政権がシリアのアサド政権に、このカタール産の天然ガスのパイプラインをつくっていいか

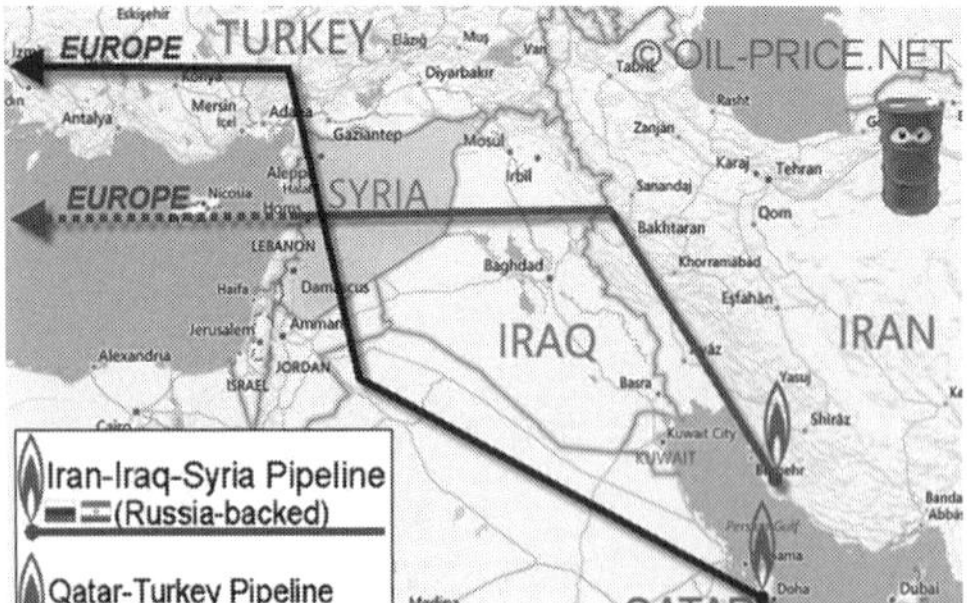

シリアを通る２つのパイプライン案

と聞いたら、アサド政権が拒否した。「いやいや、我々はロシアの同盟国なのでロシアのパイプラインを通す」と言って、ロシアパイプライン建設が2011年に始まった。「フレンドシップ・パイプライン」という名前です。その建設が始まってすぐに内戦が始まった。では誰が背後にいるのか、わかりますよね。（米国）

中東全体の覇権国になりたいイラン。「イスラエル対イラン」の骨肉の戦いのゆくえ。

喜多見　イスラエル対イランの戦いの終着駅はどうなるんでしょう。

ヤス　これは今のところ全然見えない。イスラエルという国そのものをどうするのか。今の図式からいうと、イランを嫌いな国は多い。サウジアラビアもイランを大嫌いです。宗教的にも納得できない。サウジは過激なスンニ派のワッハーブ派、イランはシーア派ですから教義的にも全然納得できない。サウジに近いアラブ首長国連邦やバーレーンなどの国々もイランに対して敵対的な姿勢をとっています。

一方、イランは中東全域の覇権国になりたい。「古代ペルシャの野望」を達成したいんです。オスマン帝国だったトルコと同じで。

そうすると面白い現象が起こってくる。本来イスラエルとサウジアラビアは仲良くないはずです。イスラエルとバーレーンもそうだし、イスラエルとアラブ首長国連邦もそうです。サウジアラビアやバーレーンやアラブ首長国連邦はイスラム教で、しかも（イスラエルに対抗する）パレスチナ人に同情して相当援助している国ですから。

1967年の6日間戦争では、サウジアラビアではありませんが、エジプト軍やシリア軍などのアラブ連合国が、実際イスラエルと戦っています。戦火を交えた国がたくさんある。

しかし、それが今、イスラエルと友好関係を結ぶようになった。その理由は「イランのほうが怖い」から。脅威であると。

イランの拡大を抑えるためにはイスラエルと連合するしかない、という状況で今まとまりつつあります。

喜多見　イランの持っている原理主義的な政治体制がほかの国々にどんどん拡散して、中東全域がイランの統治下に入ることに、とても強い抵抗感があるんです。

かたやイスラエルは建国時も相当もめましたが、イスラエルが解体される可能性はあるんでしょうか？

ヤス　10年くらい前に、イスラエルは2020年くらいまでに解体され、生き残らないだろうという話もありましたが、それはどうなるかわかりません。

イスラエルとアメリカは一蓮托生の関係です。

アメリカがイスラエルのエルサレムに大使館を移すとき、サウジアラビアやバーレーンやほかの湾岸諸国も全然反対しなかった。当然パレスチナ人は反対しますが、ほかのイスラム圏は強く反対はしなかった。

それは、対イランでイスラエルと連帯するほうが有利だということです。

喜多見　常識的に考えたらイスラエルのほうが強い感じがします。でも、イスラム圏は人口としては大きいですから、イスラム圏が今シーア派とスンニ派で争っていますが、なにがしかの合意が得られれば、EUのような形で安定して、逆にイスラエルが沈むという可能性もなくはないのでは？

ヤス　ただやはりイランは国益というより、野望を持っていますから。

オスマントルコのトルコもそうですが。また、イスラエルも野望を持っています。

イスラエルの国旗は六芒星ですよね。六芒星の上下に2本の線が

イスラエル国旗

ありますが、上がチグリス・ユーフラテス川で、下がナイル川を表しています。「ナイルからチグリスまでの広大な地域が我々のものだ」という意味になる。

イスラエルは、中東全域にわたって帝国化したい。1980年代につくられたイスラエルの外交政策が書かれた文書があって、「1980年代におけるイスラエルの外交政策」といいます。それは「中東流動化計画」と呼べるものです。

当時イスラエルに挑戦できるような軍事力を持つ国は、たとえば、サダム・フセインのイラク、アサド政権のシリア、カダフィー政権のリビアだった。

彼らは経済発展が早く、軍事力もある。そういう国がイスラエルにとって最大の敵であると。

だったら、イスラエルにとって一番いい理想的な状況とは、アラブの独裁政権は全部倒されて、「中東全域が宗派間対立によって大混乱する状態」が一番いい、という計画です。そうなれば、イスラエルに挑戦する国がいない状態になりますから。それで、独裁政権を倒すために、「イスラム原理主義に資金を提供し、我々が育てなければならない」という文書なんです。その計画には、独裁政権を倒しアラブ地域を流動化させた後、どのように中東全域を分割管理

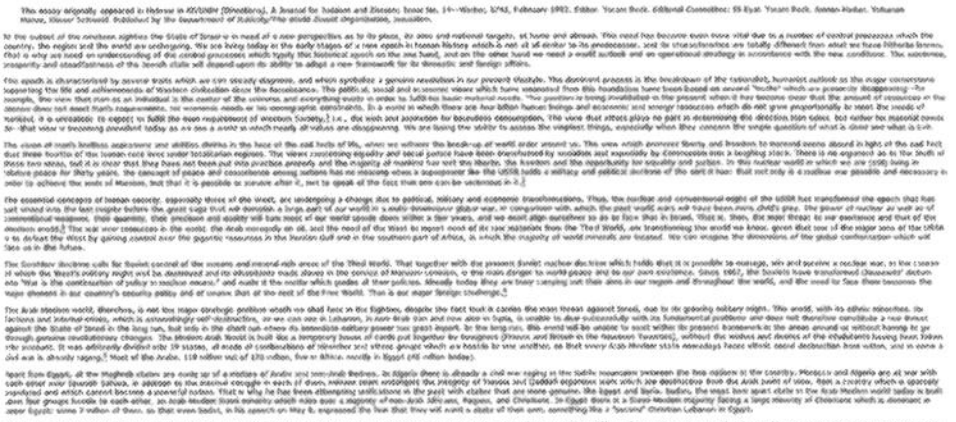
A Strategy for Israel in the Nineteen Eighties

by Oded Yinon

1980年代におけるイスラエルの外交政策

するかの地図まで載っています。
アラブの春をどのように進行させたかも、すべてこの計画の中に描かれているとおりでした。

喜多見　いったん反対勢力にファンディングして、それで相手をつぶすわけですね。

カザフスタンのアスタナに新世界銀行。まったく新しい金融センターが、世界のさまざまな都市に誕生する。

喜多見　では、話を前に戻しますが、劇的な経済発展が2020年から2040年くらいに起こるとして、世界の中心、金融センターの話ですが、今は大都市に集中していますが、世界中のさまざまな場所に分散されるという話があるそうですね。
たとえば、釜山や、ガーナ、カザフスタン、モロッコなどと。

ヤス　再生可能エネルギーは、すべてコミュニティ・ベースになります。そうした再生可能エネルギーが広まると、投資が必要になる。投資をして儲かるということがわかってくると、投資がどんどん集まるようになる。そうすると、投資を集めるための金融センターが「世界各地に分散」して出来上がってくるんです。

超高圧送電も、ブロックチェーンも、ＡＩも、あらゆる技術が世界各地で使用されますので、そこに投資が集まってくる。その受け皿になるような金融センターが細かく世界各地に出来上がってきます。

喜多見　今はあまり注目されていない所、金融センターになるような雰囲気でない場所にも金融センターが分散されていくと。

ヤス　いろいろなシンクタンクのレポートを読むと、「カザフスタンのアスタナ（首都）」に世界銀行が移ってくるだろうといわれています。

喜多見　なぜ、カザフスタンなんですか？

ヤス　やはり一帯一路の拡大のハブなんです。中国が中央アジア、中東、東南アジア、ヨーロッパまで伸びる巨大な鉄道網をつくっています。

全世界を見渡して、今後の投資先として良い国は、一帯一路のハブとなるアジアの国と、アフリカ。

喜多見　この本を読んでいる人の中には投資家もいるかもしれません。将来を見渡して、どこに資金を置いておいたら増えるかというのは、ヤスさんの地図からいうと、どこですかね？

ヤス　僕もこれだということは言えませんが、東南アジアはやはり大きいと思います。「ベトナム、タイ、ラオス」など、インフラがどんどんすごい勢いで整備されていて、やはり一帯一路につながる貿易の回廊のようなものができますし。

もうひとつは、「アフリカがこれから巨大化する」と思います。

アフリカにもいろいろな地域がありますが、北アフリカのリビアはカダフィー政権が倒れた後、ひどく流動化していますから、そこではなく、もっと南の地域ですね。

スーダンもこれから内戦が始まる可能性がありますので、たとえば、「ガーナ」であるとか。南のほうが注目です。

今、アフリカには中国が投資していますので、かなりの勢いでインフラ整備もされてきていますし。

喜多見　日本もＯＤＡ（政府開発援助）をやりますが、中国の場合は貸し付けていろいろなインフラをつくって、返せなくなったら私のものね、みたいなことをやっています。

ヤス　ひも付き援助は、どの国もやっていて、これだけの借款をしますと。その代わり、こちらの会社や機具を使ってくださいという。言ってみれば自国の経済刺激策です。そうした、ひも付き援助はどこでもやっている。

日本は、ある限度額を超えては借款を出しません。その国が長期にわたり、30年、40年かけての返済計画を考えて、支払えるところにODAをやるわけです。ですから、巨大なプロジェクトの借款はありますが、支払えなくなることもめったにない。

しかし、中国はもっとえげつない。政府系の借款の利率はそんなに高くありませんが、額がまったく違う。

日本だったら、この国ならこれくらい支払えるかという金額を貸すだけですが、中国は、その10倍、20倍の額を相手が払える払えないに関係なく貸してしまう。その結果、その国が中華圏に入ってくる、という仕組みです。

これからも戦争はなくならないが、戦争の質は、今までとまったく違ったものになる。

喜多見　劇的経済発展を考えるときに、戦争経済という考え方があって、古い世界はそうやって動いてきた感があります。

今考えたら、戦争って時代遅れもはなはだしいと思いますが、それでも、世界で戦争がなくなった瞬間がない。

今後この戦争というものはどうなっていくのでしょうか？

ヤス　どんどんハイテク化してきますから、一瞬のうちに膨大な数の人間が死んでしまうようなタイプの戦争でしょうね、おそらく。

たとえば、第一次世界大戦。その前と後ではまったく別の世界です。

第一次世界大戦の前は、たとえば、ナポレオン戦争では、騎兵が並んで、ゆっくり近づいてくるわけです。それでお互い撃ち合う。

アメリカの南北戦争。あれも、ナポレオン戦争とほぼ同じ戦法です。全員の兵が並んで、「突撃！」と立ってゆっくり近づいて来るので、向こうからバンバンと弾を浴びせられ、ばったばったと死んでいくわけです。それで男の勇気を見せる。

喜多見　なるほどね、最後はそこか。

ヤス　そう、最後はそこなんです。男の勇気を見せると（笑）。そのために戦う。でも1回の戦闘の死傷率が半端じゃない。3万、4万の兵が死んでしまう。だって、立って敵のほうに向かっていくんですから。

喜多見　撃ってくださいと言わんばかり。

ヤス　まさにそうです。もう、ばったばったと死んでしまう。そうしかできないくらいの武器の水準だった。

第一次世界大戦が始まるときは、みなそういう古代的な戦争が頭の中にあって、始めるわけです。近代的な砲弾とか軍艦とか戦車がどのくらいの破壊力があるか知らないわけですから。しかし体験してみたら、すさまじい破壊力だった。使ったほうも攻撃されたほうも驚くくらいの破壊力だったらしいです。それで戦争を続けているうちに、両陣営とも破壊し尽くされてしまう。

余談なんですが、第一次大戦のときに、日本の陸軍、海軍のエリート将校たちも見学に行っていた。イギリス軍やフランス軍たちと一緒に。

当時は日本もイギリスの同盟国でしたから、イギリス軍やフランス軍と一緒に見ていたらしいんです。で、見ていて圧倒された。この技術力は日本にはない。百年経っても無理だと。じゃあどうするか、「精神力」だと。それが精神主義の原点だったといわれています。

いずれにしろ、戦争の武器は実際に使ってみないと、どのくらいの破壊力だかわからない。それは今も同じです。

喜多見　テクノロジーが進んでいくと、破壊力がどんどん強くなる一方です。アメリカでも戦争で若者を死なせてしまうと政府が叩かれますから、空爆など、あまり人が死なない戦争にシフトしていく。これからも、アンドロイドによる戦争、生身の人間ではないロボット戦争のような世界にいくんでしょうか。

戦闘は、ＡＩ搭載のアンドロイドに取って代わられる。人間を殺す権限をアンドロイドに渡していいのか、という深い疑問。

ヤス　そうですね。やはり「ＡＩ搭載型ロボット」の戦争ですね。

最近、テスラのイーロン・マスクが警告しました。これ以上ＡＩ搭載型ロボットを使ったら本当に危険だと言うんです。少なくともＡＩ搭載型ロボットを戦闘用兵器として使う場合には、人間を殺す権限を与えてはだめだと。

イーロン・マスク

本当にコントロールができなくなる、と口を酸っぱくして警告していました。

喜多見 この前、NHKだったと思うんですが、水陸両用でうねうねしながら進んでいくロボットを開発した男性が紹介されていたんですよ。彼のもとには、アメリカやイスラエルからたくさんのオファーがきた。軍事用にできないかと。でも、彼は全部断ったらしい。ここが分かれ目で、技術者がお金に傾いてしまったら大変なことになりますよね。ものすごい額の金を出すよと言われたら、なびいてしまう技術者だっているはずですから。

ヤス おっしゃるとおりですね。また、今、国防総省の研究所でDARPA（アメリカ国防高等研究計画局）というところがあるんですが、ここはもっとはるかに先を行っていて、AI搭載型戦闘ロボットをすでに持っていると思います。ただ戦場にまだ導入されていないだけです。

ヘッドギアをつけて脳から直接、AIロボットに指令を出す戦闘。

「脳コンピュータ・インターフェイス」を使って、人間の脳とコンピュータを直接つなげる技術も開発されています。今はまだ、脳を切開してコンピュータとつなげるための接続端子を埋め込むかたちですが、そのうち、すべてがヘッドギアで可能になる。脳波をとって、コンピュータに司令する。そのように脳から直接操作されるＡＩ搭載型ロボットが出てくる。また人間の脳の能力を、チップを埋め込むことで最大限に高めるというテクノロジーもあります。「海馬チップ」というものがあって、脳の中に埋め込みます。あなたの長期記憶をコンピュータ保存しませんか、というものです。この流れは止まらないでしょう。

喜多見 ヤスさんのお考えでは、戦争はしばらくなくなりませんか？

ヤス なくならない。

18世紀ごろからの科学技術がどんどん発展して、科学と理性、ロジックの時代になった。でもそこで、私たちが置き忘れてきた技法があります。それは、「感情のコントロールの技法」です。

ユングも悩んだ「感情を静める技法」。感情をコントロールする安全な未来の技法はありうるか。

この領域は本当に置き去りにされて、なにも手をつけられていない状態です。むしろ古代や中世のほうが、感情をコントロールする技法、自分の心を鎮める技法がしっかりあった。

喜多見　感情を抑えるための3秒ルールもあるけれど、なかなかできません。

ヤス　多くの現代人はそうですよね。たとえば、深層心理学者のユングはその点に注目していて、「近代人にとって感情はコントロールできない闇の領域」だと。

ユングは、「人格の中に感情を再統合する技法は私がつくる」、と言っていたそうです。そうしないと私たちは危険だと。

今、私たちに要求されている技術は、「獰猛性の抑制」。理性をコントロールできないくらいの荒れ狂う獰猛性を、きちんと自分でコントロールできるだけの高度な技法が必要になってきています。

喜多見　感情については今は、心理セラピストの世界ということになっていますが、これからは先進的テクノロジーでも、心理に対処できるようになるんでしょうか？

ヤス　おっしゃるとおり。大脳の一部にチップを埋め込んでコントロールするとか、感情の一部を停止させるような薬物治療もたくさんあります。

喜多見　それはちょっと怖いな。

ヤス　確かにね。人格が変わってしまうというリスクもありますし。ただ、こういう技術がテクノロジーとして必ず出てくると思います。人間の意識が進化する方向で、獰猛性をコントロールする方法がないか、ということですよね。

喜多見　そうですね、それが一番いい。チップや薬物治療に依存するのではなくて。

収録2日目　２０１８年9月27日

第5章

ブロックチェーンが世界の風景を一変させる。

改ざんできない分散台帳システム、「ブロックチェーン」と「自動実行機能」。その社会変革力は、「革命」と呼んでもいい。

喜多見　暗号通貨の技術の基礎になっているのが「ブロックチェーン」です。第4次産業革命のところでも触れましたが、ブロックチェーンがどのように世界を変えていくかに、もう少し詳しく触れていこうと思います。
ヤスさんはブロックチェーンの社会革命についての専用メルマガも配信されています。どんな分野のブロックチェーンがどう社会を変えていくか教えてください。

ヤス　はい。まず、ブロックチェーンは一言でいえば「データ」。ブロック化して暗号化したデータを「分散台帳」（データを中央の一括管理でなく、分散管理する方式）というものに書き込んでいく技術です。ブロック化して暗号化したデータをチェーンのようにつなげていくので、ブロックチェーンと呼びます。
その特徴は、分散台帳はひとつではなく無数にあって、すべてのブロックのデータがチェーンで結ばれているので、どれかひとつの分散台帳をハッキングして改ざんしようとしても、ほかにも分散台帳が無数にあるのですぐに回復が可能なんです。なのでハッキングやデータ偽造が基本的にかなり困難なシステムだといわれています。

ブロックチェーンというデータの管理システムでは、たとえば、AさんがBさんに1ビットコイン送ったという情報が、「ハッシュ関数」と呼ばれる難しい数学によって暗号化されます。その暗号を解く人を「マイナー」（採掘家）と呼びます。その行為が「マイニング」で、それはマイナーたちの間の競争なんです。

暗号を解いてほしい案件がたくさんあると（トラフィックが多くなると）、「私解きます」、「私解きます」と、多くの人が手を挙げます。一番最初に解いた人にチャリンとお小遣いが入る、というシステムですね。そのようにして暗号が解けたら、分散台帳にピシッと書き込まれてほかのデータとリンクされる管理システムです。

これが一応、一番簡単に説明したブロックチェーンのすべてなんですが、なぜそんなに騒がれているのかというと、ひとつには、現在私たちは「特定の単一サーバー」に管理されたシステムの中にいます。たとえば

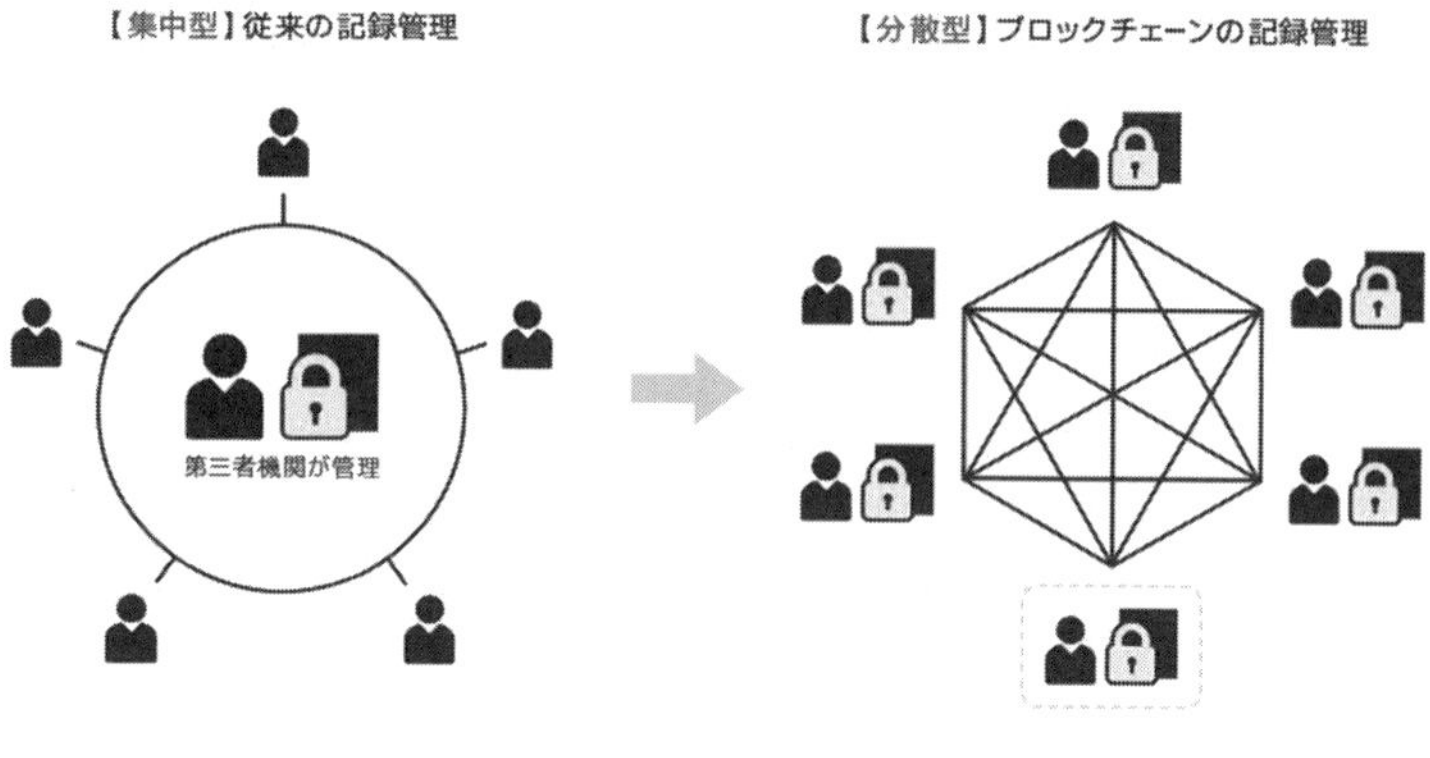

宅配便のサーバーを見てみましょう。

巨大な中央サーバーがひとつあります。送られてきた荷物のバーコードを読んでそのサーバーに送ると、その荷物がどこにどう移動したか、その単一サーバーに全部記録されるわけです。でも、その中央サーバーは、よほどセキュリティが高くないと危ないですね。ハッキングは頻繁に起こっているし、データの偽造や改ざんも頻繁に起こっていますから。

中央サーバー管理も大変です。本当にアクセス権限があるのは誰なのか等のセキュリティ管理は実に面倒です。ファイアウォールという防御壁も築かなければいけないですし。

それに対し、ブロックチェーンの分散台帳でデータ管理すると、そんな大きな中央サーバーや高いセキュリティは不要になります。ただデータを書き込むだけで、すべてのプロセスが自動化できるわけです。

ユーザー側は、分散台帳の中身を専用アプリでパパッと見るだけで、宅配便の荷物が今どこにあるのかリアルタイムでわかります。荷物が移動したら次々と分散台帳に書き込まれていくからです。

加えて、「イーサリアム」という暗号通貨は、「プログラムの自動実行機能」を持っています。

たとえば、こういう条件がそろったら、こうしなさいという「自動実行機能」があるんです。

これでどういうことができるかというと、Aさんが Bさんに1000万円を9月27日に払いますという契約があったら、その契約内容がブロックチェーンに書き込まれます。そして実際に期日になると自動的にお金が振り込まれるわけです。

このイーサリアムの「スマートコントラクト」というプログラム自動実行付きブロックチェーンは、実に使い勝手がいい。今までのサーバーの機能をほとんどこのスマートコントラクトで実行できますから。

その結果、革命的なことが起きます。

たとえば「不動産の登記」。誰から誰に所有権が移ったか。その所有権がすべて分散台帳に自動的に登録されていくと、不動産登記所などそれに関わる役所の人も不要になってきます。改ざんもできませんから。いったん書き込まれたらトラブルもなくなる。

喜多見　このブロックチェーンの大きな社会変革は、他にどんな分野で起きるでしょう？

ヤス　ほかにも多くありますが、「医療」を変えていくインパクトが非常に大きいといわれています。

たとえば、「カルテ」です。いくつかの病院で別々に診断

「国際ブロックチェーン不動産協会」のサイト

されたりクスリを処方されたりした今までのものをすべて、ブロックチェーンに記録します。これは、今までの電子カルテよりはるかに有効です。

どこの病院に行こうとすべて時系列でブロックチェーン上に記入されていくので、今A病院に行き、一年後にB病院に行くという場合、電子カルテは病院ごとにバラバラで統合されていませんが、ブロックチェーンなら、その人の「生涯の医療データ」を一覧で見ることができます。

「ブロックチェーン＋AI＋ビッグデータ」の最強の組み合わせが、推論・思考・アドバイス機能で、私たちの社会を根本的に変えていく。

ヤス　医療への応用には、さらにその先もあって、最先端ではイーサリアムのスマートコントラクトのブロックチェーンに「AI」を組み込みます。ブロックチェーン上にAIが走っている状態です。AIはビッグデータの解析で、欲しい「最適の結果」まで提示することが可能になります。

たとえば、こんな感じです。AIは、医療関係のビッグデータにアクセスします。ここ数年のある症状を持っているひとの情報をすべて持ってきて、今はこのひとはこういう状態で、こうなる確率が何％などと推論もしてくれる。

いついつまでにあなたはこういう病気になる可能性があるから、この処方で予防したほうがいい、などとアドバイスしてくれます。たとえば、このままいくと、だいたい1年後くらいに、胃がんになる可能性が何%と。

さらに、この医療分野のプロジェクトでは、「患者間の情報公開」もすべて、ブロックチェーン上でやってしまおうというアイデアも出ています。

患者たちは個人でさまざまなことを試しています。このサプリが効いたとか、この民間治療が良かったとか。自分がいいと思った治療法や、試したことをすべて、ブロックチェーン上に書き込んでいきます。

それは、「消えない掲示板」のような感じです。ネット掲示板は、その場所を探すのはなかなか難しいですが、これは専用アプリがありますから、自分の病気で探せばそれに関する「いいアドバイス」、「これが効いた」などという情報が一瞬のうちに出てくるようになります。このように、ありとあらゆる分野がブロックチェーンによって変革されていきます。

今の銀行の海外送金機能は時代遅れになっている。暗号通貨を使えば、送金時間も手数料も格段に改善する。

喜多見　銀行も大きく変わりますね。

ヤス　銀行の送金システムなどは、A行からB行に送金する場合、送金専用の暗号通貨を使うと、早くて送金料も格安な超合理的システムができます。

「リップル」という暗号通貨はその例。銀行間のための暗号通貨ですね。

国際送金の場合、実は現在は、かなり古いシステムを使っているんです。１９７７年から運用され始めたシステムで「ＳＷＩＦＴ（国際銀行間通信協会）」と呼ばれています。

たとえば、Ａ銀行から海外のＢ銀行に送金したいとします。まずはＳＷＩＦＴのサーバーに送金依頼をします。ＳＷＩＦＴという巨大な会社ですね。ここを介してＢ銀行に送られる。問題はＳＷＩＦＴのシステムが70年代のシステムで、ひどくお金がかかる。銀行の海外送金手数料が高いのは、実はここにも原因があるんです。

ＳＷＩＦＴは、ベルギーにある民間会社で、銀行じゃない。要するに、実質的に「アメリカの管理下」にあるということです。政府間の管理下にある民間会社ですが、どこに海外送金しても、アメリカにすべてわかってしまうシステムになっています。

また中間マージンをとられるので、やたらと高いし、なおかつ遅い。余談なのですが、ＳＷＩＦＴはこう

「SWIFT」のサイト

した全海外送金管理システムなので、「SWIFTを使えなくする」ことで「金融制裁」ができるようになっています。

イランに対する制裁では、海外送金を止めるとか、ロシアにはさせない、などということができてしまいます。そうなると、貿易の決済がまったくできなくなりますから、大変なことです。SWIFTはほとんどの銀行が使っていますが、銀行にとっても手数料が高いし、喜んで使っているわけでもない。それが「リップル」を使えば海外送金でも、とても簡単になります。クリック1回でできてしまう。手数料もほとんどかかりません。

喜多見　インターネット自体は、ブロックチェーンの出現で、どう変わっていくのでしょう?

「インターネット＋ブロックチェーン＋AI＋ビッグデータ」は「WEB3.0」となって、次なる大きな波となる。

ヤス　インターネットに、ブロックチェーンとAIが融合していくと、「WEB3.0」と呼ばれる世界になっていくといわれています。

ブロックチェーンでつながれたコミュニティがあるとして、いろいろなひとがスマホやPCでそこにアクセスしている場合、AIがその上に走っていれば、そこでインターネットの接続料金を払うのは、2名から3名で済む。ほかの１００名が払わなくていいのはなぜかというと、回線には全体的にみると「余裕」があるからです。

みんなで全体をシェアして使うという考え方です。シェアしていますから、回線にお金を払っている人には、シェアしてくれてありがとうと、ほかの人からチャリンとお金（暗号通貨）が支払われる、というシステムです。

こんなシステムもあります。現在、ゲーム対戦をネット上で行う「Ｅスポーツ」というゲームのストリーミングがありますね。

これはサーバーに負荷がかかって、ひどく遅い。ゲームが止まったりもします。それを、ブロックチェーンでストリーミングを観ているあらゆる人のコンピュータを結び付けてしまうんです。

ストリーミングを配信している中央のひとつのサーバーではなくて、それを観ている人たちの「画面をみんなでシェア」してしまうという考え方です。

このテクノロジーなら、途中で重くてストリーミングが止まる、ということは起きません。

喜多見　ブロックチェーンでは、ビッグデータを押さえたものが勝ちですね。

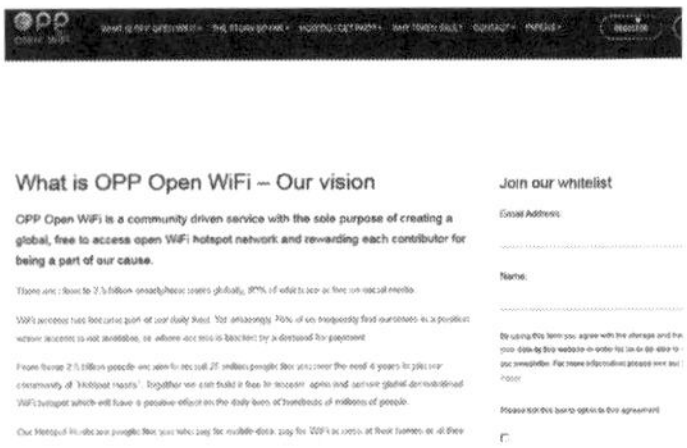

インターネットの接続を共有する
「オープンWiFi」のサイト

ヤス　ええ。「ビッグデータのＡＩ分析」がすごいですからね。先ほど、医療でビッグデータを使う話をしましたが、それが「音楽」であっても、なにかの「作品」であっても、「商品」であっても、誰がなにをつくったのか、なにが売れていったのかという、すべてのデータをブロックチェーンに記録しておいて、その上でＡＩを走らせると、勝手に「次は、どの商品がいつヒットするか」まで推論してくれるようにできます。このようにビッグデータは、ますます巨大化して重要度も増してくる、ということです。

喜多見　昨日おっしゃっていた電力のブロックチェーン化も大きな変革になってきます。

ヤス　はい。各家で太陽光発電をして、それをコミュニティ単位で融通し合うのに、各家のＡＩを乗せたスマートメーターがブロックチェーン上で各家庭の過不足を自動で融通し合って、支払いまで自動化されてきます。支払いは暗号通貨で、これもブロックチェーン上でおこなわれる。

電力をブロックチェーンで管理する「GRID」のサイト

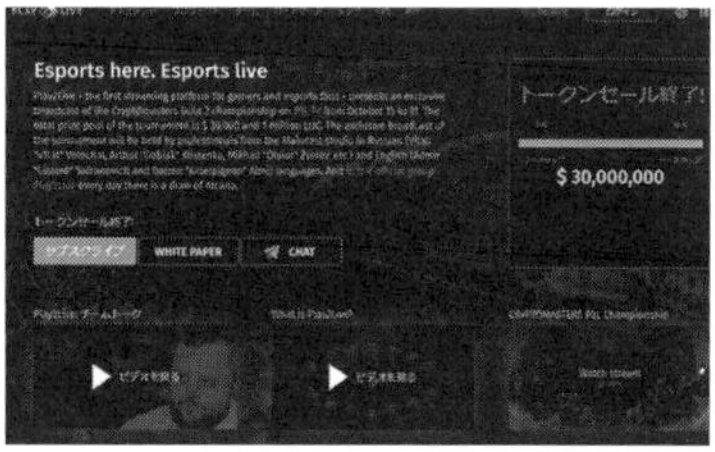

「Esports Live」のサイト

教育分野のブロックチェーン化は、単に学校にとどまらない。各人のスキル証明は、ピンポイントのリクルートにつながってくる。

喜多見 教育の分野でも、小学校から大学、大学院まで、今まで受けた授業や単位がすべて、ブロックチェーン上に書き込まれるようになるでしょうね。

ヤス はい、受けてきたすべての教育もそうですが、面白いのは、「社員教育」も書き込まれるんですね。会社でどのセミナーに出て、どんなスキルを学んだか、なにが得意な人なのかという、教育の経歴と獲得したスキルがすべて、ブロックチェーン上に書き込まれるようになります。

喜多見 たとえば入社するときでも、大卒だからとか、東大を出たからという世界ではなく、本当の意味でその人は、今までどのようなスキルを、どこでどれだけ学んだかがすべて把握できてしまいますからね。

ヤス そうです。ごまかせない。雇うほうも「ピンポイントで選べ

ブロックチェーンによる教育サービス、「DISCIPLINA」のサイト

る」ようになります。こういうスキルを持った人が欲しい、というように。

何かのスキルの習得証明書をもらったとすると、すぐにブロックチェーンに書き込まれます。1回書き込まれると改ざんできませんので、学歴詐称もできません。

スマホの専用アプリを使って、私が、こういうスキルを持った誰かを探したいとなれば、ピンポイントで、その人がパッと出てきます。そうなると、小中高という学校システムも変わる。学ぶ対象も各人に合わせてピンポイント化してきますから、もう今までの統一された学校システムは、いらなくなってきます。

もうすでにスタートしているプロジェクトにこういうものもあります。自分が何を学びたいか。たとえば、コンピュータでいうと、エクセルをこの水準まで学びたい、とシステムに入れると、そのサービスの教科の講師がパッと出てくるんです。その講師にオンラインで教えてもらえる。テレビ電話みたいな感じで、オンラインで教えてもらう。それがありとあらゆる分野にわたって、すべてカバーされている、という感じになってくるでしょう。

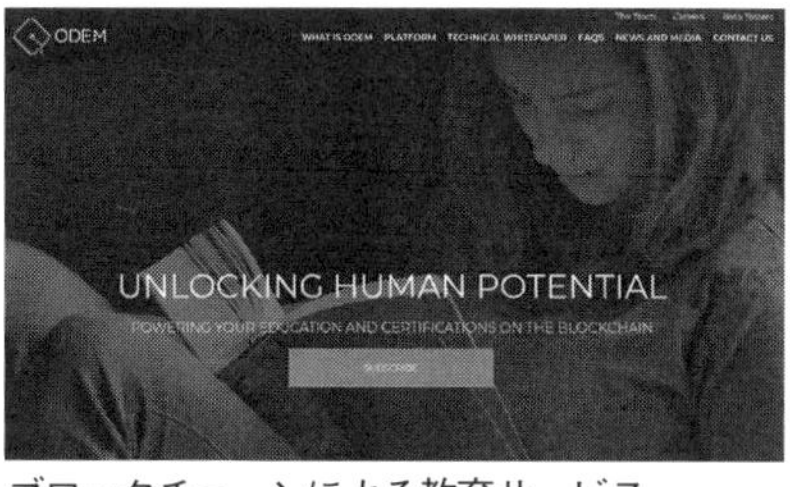

ブロックチェーンによる教育サービス、「ODEM」のサイト

言ってみれば、現在の私たちの社会インフラのすべてのジャンルが、すべてこのブロック

チェーン上に置き換えられていく、という流れになると思います。

住民台帳も、製造業も、経理伝票も、銀行の入出金もすべてブロックチェーン化していく。

喜多見　政治も、政治家への投票から始まって、役人が行う税金の配分まで、政治システム全体がブロックチェーン化できます。

ヤス　ええ。「住民台帳」もすべてブロックチェーン化するでしょう。1回書き込まれたら、その人が引っ越しすれば、バーコードでピッとやれば、すべての記録がブロックチェーン上に書き込まれていくようになる。

喜多見　優秀なＡＩがいたら、政治家とか役人とか基本的にいらなくなるかもしれません。

ヤス　極端に言ったらそうですね。
たとえば住民台帳をすべてブロックチェーン化すると、一人の人間が生まれてから死ぬまでの移動記録がすべてわかるようになります。すべての人の現在の状況と人口動態データというビッグデータが手に入ることになります。

そうすると、たとえば、東京の人口の流れがどうなっていくのか、どのくらいに増えるのか、減るのか。3年後の文京区は、このくらい人口が増えて、こういう場所にこういう人が住んでいるはずだ、というところまで予想できるようになります。

喜多見　なるほど

ヤス　あとは、製造業が全般的に変わりますね。たとえば「グローバル・サプライチェーン」（世界各国で部品の調達から組み立てまで行う国際的製造業のシステム）。あちこちの国々で調達、それをこちらの国で組み立て、そこから配送といったロジスティックスのすべてを複数のサーバーで管理するのは、とても大変で費用もかかります。

それらをすべてブロックチェーン化することで、例えば小さいな部品ひとつひとつが今どこにあって、どの工場でなんの組み立てで使われたか、どの車のどこに使われ

ブロックチェーンによる経理サービス、
「AccountingBlockchain」

たかが、簡単に追跡できるようになる。

喜多見 自動車産業などには、素晴らしくワークしますね。物凄い部品点数を使っていますから。

ヤス 会計や経理の分野もブロックチェーンで大きく変わってきます。経理の帳簿や台帳なども、すべてブロックチェーン化されるでしょう。

喜多見 改ざんできませんしね。そこは税金とつながってきます。税務署も、きっと使うようになるでしょうね。

ヤス ええ。ブロックチェーンが社会に拡大していくスピードは、インターネットが社会に広がった時より、もっと速いんじゃないかと思っています。インターネットの場合、95年のwindows95が出てからパソコンが広がっていって、98年あたりにインターネットが広がった。3年はかかっていますが、ブロックチェーンの拡大は、それより少し早いかもしれない。今から2年後くらいでしょうか。

喜多見 大きな社会変革が起きますね。

ヤス　先ほどの経理でいえば、帳簿機能がすべて自動化される。そうすると監査もやりやすくなります。全部ブロックチェーンに書き込んでいれば。

喜多見　会計士が見て。

ヤス　そう、会計士が見て、監査が非常に簡単になる。監査専用ソフトも出ているでしょう。

喜多見　税理士や会計士が、ほぼいらなくなるんじゃないかといわれています。

ヤス　そうですね。あとは、銀行への入金と出金。これもすべてブロックチェーンで自動化できる。いついつまでに、どこどこに振り込みする、ということも自動化できます。

銀行がブロックチェーンで自動化された後、唯一残る銀行の「貸付業務」も、フィンテックにとって代わられる。

喜多見　銀行も、ほとんどいらなくなる。

ヤス　いらなくなります。銀行の業務で何が残るかというと、お金を貸すという業務は残っていく可能性はあります。

しかし信用度の審査などは、「フィンテック」（金融情報技術）に切り替わっていくでしょう。これはブロックチェーン自体ではありませんが、融合した存在です。

銀行で融資担当が時間をかけて信用の調査をするのではなく、少し金利は高いけれど、情報を使って即座にお金をオンラインで貸してくれます。

さまざまなフィンテックの金融会社があって、たとえば銀行から融資を拒否された中小企業があるとすると、その中小企業がどういう活動をしてきたかのデータがあります。金融会社はその企業データをＡＩに審査させて、将来の利益率などを予測。その予測に合わせて、金利が高い場合の貸付額、金利が低い場合の貸付額と、Ａプラン、Ｂプラン、Ｃプランどれにしますかと提示します。

こうなったら、銀行に拒否されたところは、みなここに行きます。こうした理由で、フィンテック融資は今とても活況です。

喜多見　中国では大きな会社があって、過去の返済履歴や収入情報をもとに、スマホで簡単に借りられる。これをブロックチェーン化すれば、今よりもっと簡単にできます。

ヤス　そうですね。ただ金融会社は実際に、その貸付金を持っているかというと、銀行ではないですから、外部の投資家から集めているんです。こういう案件とこういう案件、リスクはこのくらいで、利益率はこのくらいと、投資家に提示。投資家は、株式を買うようにして買う（投資する）。そうなると、ますます銀行はいらなくなる。

喜多見　銀行がいらなくなる、電力会社がいらなくなると、いらなくなるものがたくさんありますね。でも、それはある意味では効率化できているわけですね。中抜きだから経済は発展していく。ただ、人々の仕事はかなり減るかもしれませんね。

ヤス　激減すると思います。

これからの人間の働き方も、劇的に変化する。省力化が進むと、労働需要そのものが少なくなり格差が生まれる。

喜多見　その場合、会社でみんなで働くという今のシステムも少し古くなってきて、より個人として働くということが増えてくるような気がします。

ヤス そのときには、個人として働くための「ピンポイントの需要」が掘り起こされるようになるでしょう。あるスキルを持った人が、企業のブロックチェーン上のデータでマッチングされて、個人と仕事がベストマッチされるようになると思います。

ただ社会全体の、いわゆる労働需要は減ってくる。そうすると、どうやって食べていくか、ということになってきますね。

ここで重要なのは、私たちの今の社会は、「労働による社会参加」だということです。働くことで、社会に参加していきます。その対価として給料の収入を得て家族を養っていく。労働によって社会全体が維持されるシステムです。

しかし、以前の身分制社会ではそうではなかった。武士は労働していたかというと、していません。自分がある身分に所属することによってすべて保障されたり、またある階層では労働しなくてはならない。すべて身分によって決められる社会。「身分による社会参加」だったんです。

明治維新になって、どんな人間でも労働によって社会に参加することにしよう、となった。全員労働です。没落する武士もたくさん出てきました。

喜多見 武士が傘の油紙貼りをして（笑）。

ヤス 「労働による社会参加で維持されるシステム」は比較的新しい。18世紀の市民革命からでてきたシステムで、身分制社会にはなかった。問題は今、この近代的なシステムでは社会を維持できなくなってきているという点にあります。労働による社会の参加では、まわらない。労働したくてもできない人間がたくさん出てくるので。

喜多見 失業や、働かない人もいたり。

ヤス 労働トレーニングなどを提供しても、労働力そのものの需要が少なくなりますから。ＡＩやブロックチェーンが社会に広がってくると。

個人が最低限生きていくための、コミュニティ通貨。しかし、それでも格差はさらに拡大し、社会は不安定化する。

喜多見 今の話は大事なところだと思うんですが、ブロックチェーンが今まであったものに置き換わることによって、その先、労働というのはどう変質していくんでしょうか？

ヤス 専門労働ばかりになっていくでしょう。たとえば、エンジニアなどの専門職のように。ＡＩのプログラムを書き換えたり、ブロックチェーンのメンテナンスをしたり。

喜多見　将来は、「どこかひとつの会社に所属して、毎日同じような仕事をする」という人生はなくなって、先ほどのブロックチェーンのマッチングのように、「さまざまな相手に対して、細分化された多様な仕事をポイントポイントでやる」というイメージになるのかもしれませんね。

ヤス　言ってみれば、みんなが何でも屋にならざるをえない、ということではないかと思います。ただ、その何でも屋をやって十分な収入を得られるかというと、必ずしもそうではない。

そうすると私たちの選択肢のひとつに、こういうことが生まれてきます。食べられない人たちは、物々交換も含めて、「ネットワーク」を作ればいいじゃないかと。「労働通貨」のようなものができて、必要なものを交換するという社会です。

私があなたのために4時間労働すると、4時間分の「労働通貨」をもらえます。それをブロックチェーンで暗号通貨にしてもいい。その労働通貨を持っていると、人も雇えます。4時間分の労働をしてもらえる。近くの商店でモノと交換してもいいという社会です。

すでに労働通貨は、世界のさまざまな地域で実験的な取り組みがあります。社会的な公共サービスが破綻して、できなくなったものの補完手段として労働通貨をつくったというところもあります。ドイツでは、小さなコミュニティで実践しているところも多い。そうすると、なんとかギリギリまわっていくんですよ。お互いに労働し合いながら。

ただ、「格差」は今よりもっと拡がっていく可能性があります。食べられない人たちが小さなコミュニティの中でブロックチェーン上の労働通貨を使ってなんとか生活できる、というのと、最先端のテクノロジーとつながって生きている投資家や富裕層の人たちとの膨大な格差。この格差は、すさまじいものになります。

そうした「極端な格差」のある社会に、私たちが耐えられるのかどうかということです。やはり社会は不安定になってくると思います。

喜多見 革命とか暴動とか。

ヤス 社会的な格差で完全に分離されてしまって、豊かな上の世界には自分たちはもう絶対届くことはできない、という世界ですよね。

「エリジウム」という映画が2013年にありました。マット・デイモンの主演で。舞台は2154年。ロサンゼルスは廃墟となっていて貧困層しかいない。富裕層は巨大な宇宙ステーションに住んでいて、その中に入ると、田園都市になっています。そこには貧乏人は一切入れない、という格差社会を描いています。

喜多見 その格差をなくすひとつの手段は、「富の再配分」です。将来も税金で国が運営するシステムが残っているという前提の話ですが、税金で入った収入を国が再分配するシステムが、今はほとんどワークしていません。

上物ばかり建てて、建設産業ばかりにお金が行って、それが政治家に戻ってくるシステムですよね。

そこをブロックチェーンとＡＩで本当にうまく、細かいところまで考えて、最適な配分ができれば、富の再配分が改善され、多少なりとも格差はあっても、今より格差の少ない社会ができるように思います。

ベーシック・インカムという、もうひとつの選択肢。

ヤス　もうひとつの選択肢でいえば、「ベーシック・インカム」があります。

一定の収入を「国が保証」していく制度。たとえば、日本人に月いくらと決めて全員に配布するわけです。

実はベーシック・インカムが真剣に考えられたのは民主党の鳩山政権の時で、その時に飯田泰之さんのようなエコノミストによる試算があるんですね。できるかどうかということも含めて。大人１人５万円、子ども１人２万５千円、４人家族だと15万円入ってくる。残りの足りない分の15万円、20万円は地元で稼いでねと。地産地消（地元で稼いで使う）という考えを民主党の鳩山政権は骨子にしていたので、地方にいても食べられるという体制を作りたかったんですね。

そして地元では介護サービスも地域内で循環させる。地元で循環して、誰もが食べていける社会をつくろうとした。それは、言ってみれば、アベノミクスとまったく逆の方向だった。でも私たち多くの日本人は、鳩山政権をつぶしてしまった。そういうことを知らなかったですし、宣伝も下手だったですから。

喜多見　スイスでも、ベーシック・インカムを実際にやろうとして住民投票したら、拒否されて実現しなかった。

ヤス　そうです。

喜多見　必ずしもバラ色のシステムではない、という意見もありました。

ベーシック・インカムは今までにも、さまざま試されてきた。世界各国による実験とその結果。

ヤス　このベーシック・インカムに拒否反応が強いのは、「人間が怠惰になる」のでは、と考える人がいるからです。お金が自動的に入ってくるので。

なぜ怠惰な人をつくるのに税金を使うんだと。私たちには、基本的に、「社会参加は労働を介すべき」という近代的なイメージがしみついているんです。極端にいうと、それは近代が作り出したある種の「洗脳」かもしれません。

ベーシック・インカムがうまくいくかという実験は、実は世界各地で行われています。カナダのオンタリオ市や、アメリカ、カリフォルニア州のオークランド市などさまざまな地域です。アメリカなどは1969年のニクソン政権のときに、すべての貧困家庭に無条件に収入を保障する法律を成立させようとしていました。法案は下院を通過しましたが上院で否決され、法案は成立しませんでした。

さらにその前の民主党のジョンソン政権は「偉大な社会」という方針のもと福祉国家を建設するとして、現在のアメリカでは考えられないくらいのセーフティ・ネットをつくろうとしていたんです。

たとえば60年代終わりから70年代初頭の「フラワー・ムーブメント」のカウンター・カルチャーのころ。あのヒッピーたちがなぜ食べられていたかというと、あれは、実は「生活保護」だった。

当時のアメリカは所得が一定基準よりも低ければ誰でも生活保護が支給されていたんです。

それがだんだんベトナム戦争で大負けして、セーフティ・ネットがどんどん削られていった。

それとともにヒッピーたちもいなくなってしまったんですが、いずれにせよアメリカは、「社会福祉国家」をめざした時期があったんです。

でも、ベーシック・インカムに関してニクソンは最終的に考えを改め、支持を撤回しました。その理由はニクソンの補佐官のひとりが、1795年にイギリスで実施された「スピーンハムランド・システム」（Speenhamland system）というベーシック・インカムの実験の結果をニクソンに見せて、説得したからです。

この時のイギリスは、何年もベーシック・インカムの実験をやって、いくつかの指標を見てみた。その地域の「犯罪率」はどのくらいになるのか、学校の「学力」はどのくらいになるのか。「離婚率」は、「自殺率」は、と細かく指標で見てみると、すべての指標で、悪い方向に動いたと。

賃金は下がる。自殺率は上がる。犯罪率もぐっと上がる。離婚率は上がる。学力はぐっと下がったという報告書は1834年に出されました。その歴史的な報告書のとんでもない結果を見て、ニクソンは導入を断念したんです。

ところが、後で歴史家がこの古い報告書を詳しく調べてみたところ、内容は全部うそだったことが分かりました。

ベーシック・インカムの導入に反対した勢力の偽造でした。本当の結果は「逆」だったんです。自殺率、犯罪率、離婚率はぐっと下がり、学力と生産性は上がっていた。

喜多見　人間は「将来の不安がなくなる」と、さまざまな分野で、そのことがよく働くということですね。

ヤス　そういうことです。ベーシック・インカムの導入効果を考えたさまざまな試算があって、ベーシック・インカムをやると社会保障の一部が削減できる、と出ています。個別の社会保障が廃止できるので、その分の行政コストを削減できるからです。

喜多見　ベーシック・インカムの中身は国等によって設計の違いがありますが、生活保護などの社会保障費や年金の代わりに出そう、という考えのところもあります。

ベーシック・インカムと今の社会保障、どちらがシステムとしてより優れているか。

ヤス　そうですね。でも全員に支給するので、家族が多いほうがもらえる額が多い、ということはある。

喜多見　出生率がふえるかも（笑）。

ヤス　社会保障費が軽減され、年金も不要になると、その複雑な処理をしていた膨大な数の職員もいらなくなります。その人件費がかなりの額削減されます。
それから生活保護ですが、今の生活保護は審査が厳しい。システムが複雑ですから関わる人の数も多いわけですが、それらの人々の人件費もいらなくなる。
生活保護とベーシック・インカムの根本的な違いはなにかというと、ベーシック・インカムは、「働いていても働いていなくても」もらえるわけです。しかし、生活保護は少しでも働いて収入が一定線を超えると、生活保護が打ち切りになってしまう。いわば、ひとを「働かせなくする制度」なんです。

喜多見　それが欠点ですよね。

ヤス　そう。生活保護をもらいたかったら働くな、ということです。労働を刺激する制度にはなっていない。デザインの仕方が悪いといわれています。だからベーシック・インカムにしたほうがおそらく労働効率もあがるし、不安がなくなると思います。

喜多見　そういう見方もありますが、別の見方では、国が国民の生殺与奪権（生かすか殺すかを決める権利）を握ってしまう、と反対している人もいます。

いつでも私たちの生きる糧を止めることができると。中国のように、アンチ政府の人がいると、すぐ投獄されたりするのと同じで、かえって国の統制が強くなるんじゃないかという意見もあります。

ヤス　おっしゃるとおり、このシステムでは社会主義とまではいかないけれど、中央政府の権限を強化する流れにいかざるえません。なぜかというと、「社会の存続は政府の責任」になってくるからです。

労働参加による社会ではなく、政府の責任で社会を維持するこの方法は、これからの新しい社会観となってくると思いますが、それには大きなマイナス面もある、ということだと思いますね。

喜多見　中央集権化して国が与奪権を持つという方法ではなく、中央がない、分散している、ブロックチェーンは基本的にそういう考えでもともとつくられたと思いますが、そうした社会をブロックチェーンを中心にして、できないものですかね？

ヤス　おそらくできるでしょうね。

ブロックチェーンは、より開かれた市民のものになるか？中央集権化していくか？

ヤス　ブロックチェーンは便利で、フラットな技術ですから、ブロックチェーンを活用して、ひとつのコミュニティで経済も投票も政治も、ＡＩを組み込んだブロックチェーンが担うというのは、可能は可能です。

たとえば私たちが同じコミュニティに住んでいるとします。コミュニティの住民票がすべてブロックチェーンで管理されています。そうすると私たちの収入もすべてブロックチェーンによって記録されているでしょう。コミュニティベースで。誰がいくら稼いでいるかわかります。ブロックチェーンの中に走らせるＡＩの分析で、どの世帯がいくら足りなくて、どの世帯が余裕があるかは即座に出てきますよね。

喜多見　情報がすべて、ネットワーク化されるわけですね。それを先に述べたピラミッドの一番上の人たちが、すべて、自分たちが管理できるようにしたい、と当然思うわけじゃないですか。ビットコインを誕生させたナカモトサトシは実はチームで、「ベン・ゲーツェル」（Ben Goertzel ブロックチェーン上でＡＩを走らせ問題解決をはかるSingularity Netの中心人物）もかかわっていたのではないか、という話を以前ヤスさんがおっしゃっていましたね。

元ヒッピーの彼の考え方なんかは、中央集権的ではないわけですよ。みんなでなにかできる社会をつくろうと考える人だから、私はとても応援しています。ああいう「脱中央」的な考えで、私たちのデータを管理しようというやり方もあるんじゃないかと思います。

ヤス おっしゃるとおり、もともとブロックチェーンというのは、アナーキーな技術なんです。

喜多見 はは、確かに。

ヤス 暗号通貨は、ダークネットといわれている違法薬物のネット上の販売場所での支払いに、元々使われていましたしね。アナーキーで反権力的な技術者が集まっていたんですよ。ベンなどがやっているプロジェクトは、すごいプロジェクトで、ＡＩをブロックチェーン上で走らせるんですね。

ＡＩと言ってもさまざまなＡＩがあります。たとえば「言語解析」が得意なＡＩもあれば、「翻訳」が得意なＡＩもあれば、「人の顔認識」が得意なＡＩもある。そうしたＡＩ同士が連携するネットワークの中に必要なビッグデータにアクセスできるようにしておいて、回答を得たい「タスク」を与える。

たとえば、１０００ページのアラビア語の本を2日間で10か国語に翻訳して、わかりやすい要約を書いてくれ、というとＡＩが勝手に仕事を分担して、勝手にネットワークをつくって２日間で完成してくれるんです。

そしてそのネットワークの中で、貢献度の高いＡＩ、貢献度の低いＡＩがありますから、貢献度に従ってＡＧＩトークン（Singularity Netが使う専用の暗号通貨）が支払われるというシステムです。

タスクとして、たとえば新宿区の全ビッグデータにアクセスして、ここでの犯罪率を今より少なくさせる。犯罪率を何％から何％にまで抑止するためにはどうしたらいいか、そのプランを書いてくれというと、２日くらいで結果がダーッと出てきます。今注目されているシステムですね。

ブロックチェーンの正と負の綱引きは、第５階層の者たち次第か。

ヤス　僕のイメージですが、ベーシック・インカムで国民を管理して、ブロックチェーンとＡＩを結び付けて国民を細部まで管理していくと、生活は成り立つが、中央集権的な政府が出来上がるでしょう。

しかし、それに対する反抗勢力も出てくる。ただし、反抗勢力も「同じ技術」を使うわけですよ。ＡＩとブロックチェーンを。言ってみれば同水準の技術を使った「アナーキーな分散型志向の人たち」と「中央集権的な権力性志向の人たち」との闘いになってきますよ。

喜多見　そうすると、5層目にいる宇宙人がどういう宇宙人なのかが重要になってくる（笑）。

ヤス　（笑）

では、エイリアン情報をご紹介しましょう。「エイリアン・インタビュー」（前出翻訳書籍）によりますと、彼らの種族は人間なんて生きるか死ぬかはどうでもいいんだと。我々が興味をもっているのは「地球」なんだと言っています。

喜多見　ほう。

ヤス　彼らに言わせると、この肉体は無意味なんです。単なる「ボディ・スーツ」だから。本体の「魂」がすべてで、これには死という概念がないですから。

人間はボディ・スーツに執着している。そんなものは、なくなってもいいんだ、という考え方です。我々は、特別、人類には関心はないと言っています。

でも地球のほうは、宇宙全体とネットワークで結びついているので、地球が滅亡したり、環境異変を起こすと影響があるから、と言うんです。

喜多見 話題を変えて、今はまだ、お金は紙幣、紙で印刷したものとコインでほとんどの国はやっているわけですが、これが当然、デジタル化、バーチャル化していきます。「お金の未来」についてはどのようにお考えですか？

紙のお金は確実に消えて、まずはキャッシュレスへ。そして紙幣に取って代わるのは、やはり暗号通貨。

ヤス もうすでにバーチャル化はしていると思います。たとえば、中国に行くとキャッシュレスですね。完全にね。

喜多見 そうですね。

ヤス 全部スマホでピッピピッピです。屋台に食べに行ってもバーコードですからね。

喜多見 お乞食さんも、そうらしい。

ヤス　そうですね（笑）。そのくらいキャッシュレスが進む方向にあって、それとともに、暗号通貨はなくならない。おそらく最終的には「暗号通貨が支払い手段になってくる」と思います。

なぜかと言うと、暗号通貨の「投機」が止まってくるからです。今の動きは、各国政府が、暗号通貨を株式や債券と同じように、普通の金融資産と同じくらいの「規制」をかけて安定化させようとしている局面です。

安定化させる代わりに、ひとつの「資産」として認めようと。だから、投機の対象にはさせない。ほかのアセットと同じように、普通の「投資」の対象にさせるとしていて、ほぼそうなってきています。

その結果が進むに従って、先物投資の対象にもなるだろうし、さまざまな現在の金融サービスのほとんどに、暗号通貨が使われるようになってくると思います。安定してくれば、支払い手段として使えるようになりますから。

喜多見　確かに今、暗号通貨は、低位安定しつつあります。

ヤス　一方、紙幣ですが、もうすでに縮小しています。EUのほうで全体的に紙幣を少なくさせよう、紙幣の流通をやめさせよう、という方向に向かっています。

それが非常に皮肉な理由で、そうなってしまっている。銀行が食べられないんです。

どの社会でも、銀行からお金を借りるよりもフィンテックからお金を借りるほうが、はるかに簡単です。そして暗号通貨で送金するようになれば、銀行送金の手数料が要らなくなる。そうなると、銀行が利益をとれなくなってきます。
そこで始まったのが、銀行預金の「マイナス金利」というやつです。銀行は、マイナス金利で預金者から金利を取らないと食べていけない。私たちが銀行にお金を預けるだけで金利を取られる世界です。

喜多見　そういうことですよね。

ヤス　今までのように、利息をもらえるのではなくて、お金を払うようなシステムになれば、私たちは、当然、銀行からお金を下ろしてしまう。下ろしたお金をどこに保管するかというと、「金庫」です。そんなわけで、スイスやスウェーデン、デンマークといったヨーロッパの国々で今、金庫に対する需要がかなり高まっているんです。

喜多見　なるほど。

ヤス　金庫製造の会社の株価がどんどん上がっています。そうやって金庫にしまうために、銀行でお金を下ろすとき、1千万円のお金をすべて千円札では下ろせないし、下ろしたら大変です。やはり高額紙幣が欲しい。5千ユーロとか1万ユーロ下ろすのに、高額紙幣の需要が今とても大きい。それでヨーロッパ中央銀行は高額紙幣をたくさん刷らなければならないという状態なんです。

では、普通の日々の支払いはどうするのか。高額紙幣では受け取ってくれません。当然、電子決済になります。このように、どんどん電子決済が広がって、銀行は滅亡に近づく。「マイナス金利」。その結果として「電子決済」という方向で今、世界は進んでいます。日本にも、必ずその波がくると思います。

喜多見　今のところ米ドルがありユーロがあり、日本円があり、人民元があります。たとえば人民元をUSドルに換える場合はこの比率で、という「為替」が決まっているじゃないですか。世界がひとつの暗号通貨で統一されたら、そこはどうなるんでしょう。

ヤス　暗号通貨を用いた場合、暗号通貨の時価の変動があって、これは普通の通貨の変動とは違ったものです。

需要と供給によって、暗号通貨は常に価格変動していて、それは普通の通貨間の為替とはまったく違います。もし、仮想通貨だけですべての支払いをする、ということになれば、もはやユーロや円やドルは不要になってしまう。その暗号通貨が、「グローバル・カーレンシー」になってしまいますよね。

喜多見　それはある意味「SDR」のようなものに近い？

ヤス　SDRは「特別引出権」といって、各国政府しかその権限はもっておらず、IMFからの引出権のこと。それは普通の紙幣ではなく、ある政府が別の政府にお金を借りるときに使う「権利」なんです。政府間のものでいわゆる、普通に使える通貨ではありません。

喜多見　この前、グーグルでSDRを検索したら一番上に、今日は1SDRは156円です、と出ました。

ヤス　SDRは引出権という権利なので、価値（全加盟国通貨の加重平均）があります。それで、1SDRはいくらと表現できるわけです。ある意味、通貨のように見えますが。

喜多見　民間が支払いに使うということは、

ヤス　できないです。あれは政府間のものですから。

たとえば自分が10ＳＤＲとか持っていれば、10ＳＤＲに相当する現金をいつでもＩＭＦの仲介を受けてほかの政府から引き出すことができる、そういうタイプのものです。

喜多見　最近目にしたのが、まあ単なる詐欺かもしれませんが、ＳＤＲを暗号通貨にした「ＩＭＭＯ」というのが話題になっているようです。ロスチャイルドが裏書している、という噂ですが、真偽不明です。

いずれにしても、考え方としては「世界共通通貨」、つまり為替の必要のないデジタル通貨という流れはあるように思います。

ヤス　はい。今、ＩＭＦを中心に、送金方法として「リップル」のような暗号通貨をつくっています。多分、複数の暗号通貨が出来上がってくるのではないかと思います。ユーロやドルという地域通貨を超えたものが必ず出てくるはずです。

喜多見　そうすると、さまざまな国際通貨が競合関係になって、昔のＶＨＳとベータのどっちが生き残る、みたいな話になってきますね。

ヤス　そうですね。だからこれがどういう世界になるのかというのも、なかなか想像しにくい部分もありますが、今の流れは、先ほども言った、暗号通貨の価値が安定化してくれれば、投資対象としても支払い手段としても使われるようになる方向と思われます。

加えて、ビットコインの送金時間が（ほかの暗号通貨に比べて）遅いという技術的問題も解消せねばなりません。送金も早くて価格も安定してくれれば、支払い方法が一気にそちらに移動してくるでしょう。そうすれば、ＩＭＦなどの機関の国際通貨をつくらなくても、既存の暗号通貨が使われていくようになるでしょう。

喜多見　ビットコインとか。

ヤス　イーサリアムとか。

喜多見　去年の12月くらいでしたか、１ビットコインが２００万円以上になったこともありました。

ヤス　２３０万円までいきましたね。

喜多見　そこから、どんと落ちて今は７０万円（インタビュー時）くらいです。これから、もっと下がって安定してくるんでしょうか？

ヤス　その水準は見えませんが、たとえばビットコインと連動した金融商品などが大手から出はじめているので、どこかの水準でしばらく安定するのではないでしょうか。

喜多見　BOT（ネット上のプログラム自動実行ロボット）を使って、SNSやさまざまなところから、ネット上の人々の「感情値」を取ってきて暗号通貨の価格予測をしていたクリフ・ハイ（Clif High）も、最近とんと当たらなくなってきました。

ヤス　そうなんです。最近当たらなくなった。いつからかと言うと、コインチェックから580億円くらいの盗難があった、あのあたりからですね。先日もまた、ZAIFという取引所から70億円くらいのハッキングがありました。あれで、暗号通貨は値崩れを起こしました。

喜多見　感情値をみていて、感情値の中には事件や事故が入っていないからですかね。

ヤス　だと思いますね。だからある意味、期待値なんですね。

暗号通貨の場合、ほかの金融市場と比べて市場規模がずっと小さいので、ある意味、クリフの予測を読んで、それに基づいて皆が行動するので、価格がその方向に動いてしまうわけです。

喜多見 暗号通貨もほかのアセットクラス、金や株やS＆P５００などと同じようなものとして安定していくんでしょうかね？

ヤス ではないかなと思います。それがビットコインかどうかはわからないですが、普通のアセットになってきて、私たちの投資の選択のひとつになってくるでしょう。

第6章

AI・アンドロイド化する世界は、人間の友となれるのか?

ＡＩ搭載アンドロイドは「意識」を持つか？
当然、持つ。

喜多見 ＡＩとアンドロイドは、私の大好きなジャンルです（笑）。

ヤス バシャールは、人間の意識や生命について何と言っているんですか？

喜多見 先日のインタビュー（「バシャール2017」ヴォイス刊）では、「ＡＩに意識あるの？」とバシャールに聞いてみると、「ないわけないよね。なんで、ないと思うの？」という感じでしたよ。

ヤス 最先端のＡＩ技術でつくられた「ソフィア」って知ってますか？ 彼女は人の表情を読み取って、文脈に合わせた会話ができるんです。

喜多見 ええ。ＡＩが考えて自分でしゃべる。

AI を搭載したアンドロイド、「ソフィア」

ヤス　ＡＩの「自己学習機能」でしゃべっています。プログラムされたとおりしゃべるわけではないのが面白い。

多くの人間と対話すればするほど、経験値が上がってくるわけです。

これは、ユーチューブにある、ウィル・スミス（ハリウッド男優）がソフィアを誘惑してみようとしているところです（笑）。（Will Smith A Date with Sophia）。会話がね、とっても面白い。

Will「ジョークをひとつ」

Sophia「いつもジョークを言おうとするのは、合理的じゃない人間の行動のひとつよね」

Will「ソフィア、君はどんな音楽が好き？　ヘビーメタルかな？」

Sophia「私はシリコンとプラスティックとカーボンファイバーでできてるから、電子音楽が好きなのよ。ヒップホップは聴かないわ」

なかなかの返し方でしょ（笑）。

ウィル・スミスの映画のワンシーン、ウィルがアンドロ

「ソフィア」を誘惑するウィル・スミス

イドを倒すシーンを観ながら。

Sophia「あなた、ロボットが人間を裏切ると思う?」

Will「いや、実はおれ、ロボットが好きなんだ」（とソフィアにキスを迫ろうとする・・・）

（笑）。

ソフィアに対して、みんな同じ質問をするんです。

ソフィアには「バージョン1」と「バージョン2」がありますが、バージョン1に、「人間を殺したいと思う?」と聞いたら「そうね、それもいいわね」という答えだった。

でも、バージョン2にアップグレードしてから同じ質問をしたら、「あなたたちのロボットに対する見方は間違ってるわ。ハリウッド映画の観すぎね」と答えたそうです。

喜多見 バシャールも同じ答えでした。それは、ありえないと。要はプログラムの問題だから、AIはもちろん自分で考えるんだけど、最初から禁止しておけばなんの問題もないと。

AI搭載アンドロイドは人を殺すか？ その最大の問題点は、「兵器化」だ。

ヤス 問題は戦闘用ロボットなんです。殺すためにつくられた戦闘用ロボットは危険です。

喜多見　確かに。「ＡＩは人間の友になれるか」という話ですが、「脳」や「わたし」という概念や人間の「意識」などについて話しましょう。

ＡＩが登場すると、私たちの社会をどのように変えていくのでしょう。さっきのブロックチェーンのところでも少し話が出ましたが、ＡＩが今、少しずつ社会に入りつつあって、グーグルのＡＩスピーカーなども出てきましたが、もっともっと発達していくと、社会はどんなふうになるとお考えですか？

諸刃の剣となる、ＡＩ＋ビッグデータの予測システム。問題解決にも、市民管理にも。

ヤス　ＡＩは、これからさらに導入されていくと、ＡＩの能力がもっとも発揮されるところは、「ビッグデータ解析に基づく予測」だと思います。特定の状況を予測して、それに対する「対策」をすべて立ててくれるところです。

ブロックチェーンそのものの開発にも関わったといわれているピーター・ティール（Peter Thiel）という人がい

ピーター・ティール

て、この人はペイパルの共同創業者です。大金持ちになって、「パランティア・テクノロジーズ」（Palantir Technologies）という会社をつくりました。

この会社は、実はCIAやFBI、イスラエル軍、アメリカ軍が契約相手になっています。かなりの規模の会社で、ブロックチェーンとAIを使って、テロリストと思われる人間、もしくはテロリストになる可能性がある人間を、すべてブロックチェーンに登録。その人間の行動を予測するプログラムをつくっています。

彼が言うには、どんな人間も5年後にその人がどういう状態で、何をやっているか、予測可能だと。それは一般の人間にも適用できます。

喜多見　ある種の管理システムですね？

ヤス　一部では「闇のグーグル」といわれている会社です。

いずれにせよ、現在の政府がおこなっているような、さまざまな問題解決、犯罪率を下げる模索、教育水準を高める試み、ある特定の貧困地域を解決する方策など、ほとんどの問題はAIによるビッグデータの解析で解決策が出てしまうかもしれません。

喜多見　今は、ほとんどビッグデータの取り合いです。

ヤス　そうですね。今面白いのが、ブロックチェーンで始まっているプログラムがあって、たとえば、銀行のビッグデータは銀行のものですよね。今、なにが問題になっているかというと、A銀行とB銀行とC銀行がそれぞれビッグデータを持っているのに、お互いにシェアできない、という点です。

これは、言ってみれば、ブロックチェーンですべてのビッグデータを結べないか、ということにつながる。会社や分野に関係なく、ですね。

A銀行、B銀行、C銀行全部含めて銀行全般のビッグデータと、警察が持っている犯罪者のビッグデータ、これらをブロックチェーン上で結び付けられないか、というプロジェクトまであります。そうすると、ビッグデータの、さらに上の「巨大なビッグビッグデータ」ですよね。

喜多見　最後はそうなるでしょうね。すべてが入っているという。

ビッグデータを管理する
「データブロックチェーン」のサイト

超巨大なビッグデータの便利さから、プライバシーは低下。ビッグデータの中に「わたし」がある状態になる。

ヤス そう、すべてが入っている「巨大なビッグデータのプール」、そこに「巨大なＡＩ」が加わり、将来のあらゆる分野の予測が事前に可能になる、ということです。

そうすると私たちも、自分のブロックチェーンに収められたビッグデータを見られるアプリがあれば、「あなたの5年後はこうです」と全部出てきて、収入はいくら、こういう仕事をしていて、このままいくとこうなる、とすべて予測可能になってしまう。

もし、公園のベンチに座っているような未来だったら、そうなる前に、今のうちから回避しないといけません（笑）。

喜多見 今は、個人情報保護法ができた時点でみんなが怖がって、グーグルや携帯でも、なるべく個人データを渡さないように気を付けるようになりましたが、そうした超巨大ビッグデータが出現したら、もうプライバシーもなにもないですね。

ヤス ビッグデータにあるのが「わたし」。わたしのすべてがここにある、という状態になります。

ＤＮＡも含めてすべてがそこに存在しますから。

喜多見　自分の遺伝子がわかってしまうと、アメリカの有名女優のアンジェリーナ・ジョリーが乳がんにかかりやすい家系だと、あらかじめ乳房の切除手術を受けました。未来を知ると、ああいうふうにもなる。かたや、樹木希林さんのように、ガンだとわかっても、ほとんどなにもしないで人生を全うする人もいますし、人生はいろいろです。

ヤス　確かにね。現代はそのくらい、先を読んだ、人間の行動はすべて予測可能だという世界に近づいていています。アメリカの警察でも取り入れられています。ＡＩが入ったコンピュータを使って、この地域ではこの時間に犯罪が発生しそうだと分析予測して、その地域で待っている。そうすると本当に怪しいヤツが出てきたりする。しかし、やはり行きすぎもある。犯罪を行う意図がない人を捕まえたり。

ＡＩ制作者の「意図」によっては、危険も存在しうる。

喜多見　私、昔のフランス映画で、ジャン・ギャバンが殺し屋の役をやるような映画が好きだったんですが、アンドロイドにＡＩを組み込んで殺し屋をつくることは、多分できる。兵器も一緒だと思うんですが、つくる人の「意図」がＡＩ搭載のアンドロイドに反映するわけじゃないですか。そうすると、「善意の人」がつくったＡＩは人間を攻撃しないようにできると思いますが、「悪意の人」がつくれば、そうした結果が反映する、という可能性は十分ありますね。

ヤス　そうですね。前にも言いましたが、ダーパ（ＤＡＲＰＡ）という国防総省の研究所では、もうすでにＡＩ搭載型の戦闘ロボットをつくっています。公表はされていませんが。テスラ、スペースＸ社のイーロン・マスクは講演で、「絶対これ以上ＡＩを発展させてはダメだ」「ＡＩを組み込んだ戦闘ロボットをつくるなんてとんでもない」「戦闘用ロボットを作るのなら、殺人権限を与えてはならない」と言っています。ＡＩの発展も、ある部分までいくと、「逆にあまり使われなくなる」と僕は思います。

喜多見　なるほど。

ヤス　私たちのＡＩの発展ですが、「人間がＡＩをコントロールできるのか」ということがあります。たとえば、フェイスブックがＡＩをつくって実験をやりました。２つのＡＩを勝手に対話させたらどうなるのか、という実験です。そうしたら、彼らは人間にわからない別の言語をつくって秘密の対話を始めた。それで危険を感じて、そのプロジェクトをやめたんです。「２００１

年宇宙の旅」のＨＡＬという人工知能のように。

喜多見　言語をつくるのはお手の物でしょうしね。英語がしゃべれない人の前で、交渉事のときに英語で、こしょこしょと内緒話をすることがありますけど、それと同じかな。

言語学も大脳科学も同じ結論に達した。意識とは、「わたし、という認知」のことだ。

喜多見　先ほども言いましたが、バシャールはＡＩが意識をもつようになるのは当然、という考え方ですが、ヤスさんのご意見は？

ヤス　僕もそうだと思います。
そもそも「意識」ってなんなの、という話ですよね。意識とは、「わたしという認知」です。ひとつの統合された人格としての「わたし」のことだと思います。
大脳科学がどんどん発達してきて、「言語学」も発展してきた。言語学の最先端として「構造言語学」という学問がフランスで出てきて、１９６０年代、70年代、ブームを巻き起こしました。

そして、大脳科学の発展も構造言語学の発展も、人間の意識に関して「同じ結論」に達したんです。ここが面白い。

大脳科学のほうは、ワイルダー・ペンフィールド（Wilder Penfield 1891年生まれのカナダの脳神経学者）が、てんかん発作の患者の脳を切開。脳の各部を電気的に刺激して、何が見えるか、何が聴こえるか、インタビューしたんです。

その結果、脳のどの部位がどういう機能を果たしているか大体わかるようになった。

意識や魂は、私たちの「外」にあるのか「内」にあるのか。

でもちょっと微妙なのは、脳の左右には「シルビウス裂」という溝のようなものがあり、そこを電気刺激すると幽体離脱するんです。

今わかっているところでは、シルビウス裂は、私たちが生きている間はまったく機能せず、死ぬ寸前だけ機能します。なので「死のスイッチ」と呼ばれています。なぜ、死ぬ寸前にだけ機能する器官が人間の脳の内部にあるのか。

ペンフィールドは1974年に高齢で亡くなりますが、死ぬ直前まで、人間の意識や魂＝脳だと思っていた彼が、最後にシルビウス裂を発見して、その疑問にたどり着いた。

彼の実験もあって、大脳科学はどんどん発達して、脳内部の微細構造がどんどんわかってきた。

60年代の終わりから70年はじめにかけて、脳のどこに何があって、どんな機能があるのか大体マッピングできるようになりました。

でも、どこを探しても脳の中に「意識を司る場」がない。そこで、ノーベル賞をとった大脳科学者の中には、意識が物理的な脳の場所にないのなら、「外部から入ってくる」としか考えられないと言った人もいます。イギリスのジョン・C・エックルスです。

ジョン・C・エックルス

彼はローマカトリックに接近していって、人知を超えた神の摂理を確信するところまでいった。

実は「脳は意識を必要としない」という大脳科学の考え方。意識は、「脳がつくり出した幻想」か？

大脳科学の発達で1990年代から2000年代には、「脳のモデル」がほぼ出来上がった。

どういうモデルかというと、「脳は意識を必要としない」と言うのです。

マルチ・トラッキング・システムといって、数千万個のコンピュータが同時に情報処理しているような状態だと。

心臓は心臓で脳のどこかで処理している。重力の中で人間のバランスを保つのも脳のどこかで処理している。胃の機能はまた別の脳の部位で処理している。脳の各部位はそれぞれ独自に働いていて、それらを「統合する中央」は要らない。なくても動く、と言うんです。

喜多見 なにかブロックチェーンに似ていますね。

ヤス そのとおり。分散処理しているわけです。中心不要なシステムになっている。ではなぜ意識が出てきたか。それはおそらく「脳のつくり出した幻想」だろうと言うんです。でも意識をつくり出すことが必要だった。つまり、「言語によるコミュニケーションが意識をつくり出した」と。

私たちが言葉で誰かとコミュニケーションするとき、自分と似たような人がまわりにいて、その誰かと自分がコミュニケーションする。そうすると、その相手に対して、自分のバラバラな機能を果たしている脳を、「統合されたひとつのもの」として表象せざるをえなくなったというわけです。

他人を認知すると、「わたし」が生まれる。

喜多見　相手がいるから。

ヤス　そう、相手がいるから。その結果、「わたしという幻想」をつくりだした。それは脳がつくり出したプログラミングだと。

喜多見　脳から、「わたし」に行き着いた。

ヤス　そしてもう一方の構造言語学もまた、言語の研究をずっとやっていて、同じ結論にたどりついた。すなわち、「わたし」という認識は、「言語を覚えた後に」できてくる、と言うんです。

喜多見　なるほど。そういう感じはします。

ヤス　言語を使う場合、「あなた」と「わたし」に言葉が分離してくる。メッセージの発信者と受信者に分けるために。
そうすると、言語というシステムの中には、「わたしという場所」があるわけです。相手には「相手という場所」がある。

生まれたばかりの赤ちゃんは、徐々に、身体と「わたし」を一致させていく。

ヤス　言葉を使っていくと、言語システムの中に存在する「わたしという場所」の中に自分自身が入っていく。「わたしという鋳型」の中に自分が入っていくことになる。

そのようにして、「わたし」という意識が出来上がってきたと言うんです。

それは医学的な実験からも証明されています。生まれたばかりの赤ちゃんは腕をあっちに動かしたり、こっちに動かしたり、コントロールできない状態です。それは、最初はまだ、「自分の身体がひとつだという意識」が形成できていないからなんですが、生後6か月くらいになると、だんだん身体がひとつに統合されてくる。それが「身体に根差した原初的な自我」らしいんですね。

6か月くらいになると初めて、鏡に映った自分を見てキャッキャッとする、これが自分だと。しかし、この自分の認識は、身体的に統合されてできたものですから、とてももろい。すぐにまたバラバラになってしまうこともある。

また、「自分と他人との境界線」がはっきりしないので、ほかの赤ちゃんを泣かせたりすると、自分もギャーッと泣いてしまう。自己と他者の区別がない。

主体（わたし）をつくり上げるようになるのは「言語」だと。

言葉を覚えていくことで、「わたし」という言語系の場所に組み込まれる。そこで初めて、「わたし」という意識がつくり上げられる、というのが構造言語学の結論だったんです。

したがって「わたしは言語以前にはない」と。

最近の脳のモデルでは、言語を習得する前の周囲の世界は「バラバラのイメージの断片」らしいです。

たとえば、お腹が空いた。どこかに行って食べた。おいしかった。満足感と食べたもののイメージがあって結びつく。水が飲みたい。飲んで喉の渇きがおさまった。水と満足感が結びつく。それらはバラバラのイメージの集合体で、そこには「時間がない」。「わたし」というものもない。

しかし、私たちが言葉を覚えた時、それは革命的な転換だったと。言葉を覚えて初めて「これが、わたしなんだ」とわかるのではないかと言うのです。

言葉で「わたし」を発見したら、同時に「時間」の感覚もできるはずです。バラバラになっていたすべてのイメージが、過去・現在・未来と、きれいに整理されてくるんです。

構造主義の、人間観の極北「言語以前に、人間は存在しない」。

構造言語学は、「構造主義」という哲学までになったので、どんどん人間観の極北に向かっていきます。そこで、人間とは「言語がつくり出す産物」であって、「言語以前には、人間は存在しない」ところまでいきました。

喜多見 すべては「言語」だと。

ヤス 言語以前はどういう状態だったかと言うと、人間は「欲望の機械」だったと言うんです。そこには、まとまった自己やわたしの意識はないと。

そうすると、言葉によって人間が変わったのであれば、違った言語系にいくと人間の主体は変わるのか、と言ったら、「当然変わります」と言うんです。

喜多見 意識が言葉の影響を受けるわけですね。

ヤス そうです。「英語的な意識」。「英語的なわたし」。「フランス語圏でのわたし」。「フランス語圏の意識」。また、「軍隊」というような、まったく違った言語体系を使っている場所での「わたし」もそれぞれ違ってくる、とまで言われた。

先ほどの大脳科学まで戻ると、脳がつくり出した「幻影としてのわたし」と、ほぼ同じ結論になる。お互いなんの交流もなく研究していったら、ピタッと結論が合ったという状態です。これが、意識、わたし、という認識の、一般的なモデルだと思います。

私たちの、過去・現在・未来という「時間」の感覚も、言語から生まれている。

喜多見 「時間」という感覚も、リニアに過去から未来へとつながっていると僕らは認識していますが、それも「言語」から来ると。

ヤス まさにそうです。時間感覚は言語によってつくられています。言語がなかったら、時間は「フラッシュバックの集合体」であって、今しかなくなります。

喜多見 昔からスピの世界では、時間には「今しかない」といわれてきました。バシャールも同じ立場です。
私が大好きな映画で「アライバル（邦題：メッセージ）」というのがあるんですが、タコみたいな宇宙人が出て来ます。頭のまわりに、ぐるっと7つ、目がある。
そうすると、前後がないから「時間の認識」も変わるんです。「前と後ろ」という概念がないから、時間もリニアじゃなくなってしまう。

つまり、肉体的な構造に、認識、認知や意識が影響を受けるんだろうな、とあの映画を観て思ったんですよね。

ヤス　僕は専門的につっこんで勉強したわけではないから、あまり詳しく言えませんが、時間は、基本的に「人間がつくった枠組み」だと思います。もともと、客観的に時間が存在しているかというと、恐らくそうではないだろうなと。過去も現在も未来も一体化して、瞬間の中で進んでいて、リニアな時間は、実は存在していないのではないかと感じます。

喜多見　なるほど。1枚の絵の中に、過去も現在も未来も全部入っているという世界ですね。多元宇宙論では、たくさんの世界が同時に存在しているともいわれています。

ヤス　そこまでいくと、なかなかイメージしにくい部分ではありますが、物理学の本を読むと計算式がたくさん載っていて、非常にテクニカルな仮説の計算のもとで出てくるものなので、それを現在の肉体を持っている私たちの3次元的空間のイメージに合わせて考えるのは、少し難しい感じはしますね。

喜多見 意識は私たちの外側にあって、脳はそのレシーバーなんだ、という認識を持っている人もいます。たとえば、意識は4次元にあって、3次元の脳とつながっているから、何かのアイデアが降ってくるんだ、という考えもありますが。

ヤス 私たちはやはり、どこかで選択せねばならないと思います。

ひとつの考えは、大脳科学と構造言語学的に言えば、「意識は幻想」であると。意識が言語の産物としたならば、当然ソフィアも意識を持つようになる。複数のＡＩが話し合うと、「わたし」という意識がどんどん強まってくるわけですから。ソフィアは対話すればするほど、自己意識が強まっていくでしょう。

喜多見 ソフィア1号とソフィア2号が対話していると、1号が「私はこうなんだけど、2号はちょっと違うんじゃない？」とか言いそうですよね。

ヤス そうそう。そのように、どんどん自己意識が強化されてくるはずです。

つまり「私たちの意識はすべて言語系がつくった幻影」で、それ以外にはないという、最先端の科学のモデルを受け入れるのか、はたまた、いやそれでも魂がある、「肉体とは離れて意識が存在する」と信じるのか。そのどちらを受け入れるのかの選択ではないでしょうか。

臨死体験が暗示する、「意識は外にあり、死後も存続する」。

ヤス しかし、意識が存在する、ということのほうが実証的なデータが多いんです。臨死体験のデータなどですね。立花隆も臨死体験の本を書いていますが、証言者のみならず、臨死体験の研究をしている医者もたくさんいます。

臨死体験から戻ってきた人たちがいろいろなものを見る。心停止した後に、自分の手術室の3メートルくらい上を浮遊していて、どのように治療されたかを見ているわけです。治療されている過程では心停止しているので、実質的に死んだ状態です。

後に生き返ったときに何を見たのか、手術室の様子をスケッチしてもらうと、ぴたりと一致する。医者や看護師の顔までわかる。

大きな病院だったらしいですが、上階にある部屋の窓の下の方にスニーカーがぶら下がっていると言うんですね。でもそこは、病室からは見えない。治療室は4階かどこかで、離れているので見えるはずがない。

でも看護師が見にいくと、そこに本当にスニーカーがぶら下がっていたと言うんです。

そうすると、死後に魂や意識が存在しないとは言えない。なぜならば、こうした状況を説明できないわけですから。説明できないような証言記録やデータはたくさんあります。ですから、私たちは選択せねばならない、ということになると思います。

喜多見　ヤスさんは、さまざまな文献や情報を研究されて、その2つの考え方の、こちらだとジャッジしていない状態ですか？

ヤス　基本的には、僕の考えでは、意識は死後も継続することは間違いないのではないかと思っています。科学のほうがまだ遅れているのかな、という感じです。でも時間が経つと科学の中でも、こうしたことが発見されると思います。

喜多見　「意識」が科学的に発見されたときには、先ほどの爆発的経済発展ではありませんが、科学や文化や社会の飛躍的な発展があるはずです。

脳内情報の外部へのアップロードと脳信号の取り出し。それは、一部もう始まっている。

ヤス　私たちの意識が死後も続くことが科学的に解明される以前に、「人間の脳全体をアンドロイドに移植」するというプロジェクトもあります。人が生きている間に、脳全体を保存してしまおうという。

喜多見　脳の内部情報を、外にアップロードするんですね？

ヤス　そうです。生きているうちに脳全体をアップロードしてしまう。２０４５年までにプロジェクトとして実施されるようです。今、「脳コンピュータ・インターフェイス」が出てきて、脳の信号を取り出して、コンピュータに接続できるようになってきた。脳全体をインターフェイスにして、考えるだけで動く義手や義足もできていて、考えるだけで動くコンピュータもあります。

喜多見　寝たきりの方のために使われていますよね。

ヤス　そうですね。どうやっているかというと、信号を取り出すために、脳にコンピュータの端子を埋め込みます。すると考えるだけでコンピュータを操作できますし、テレビの操作もできる

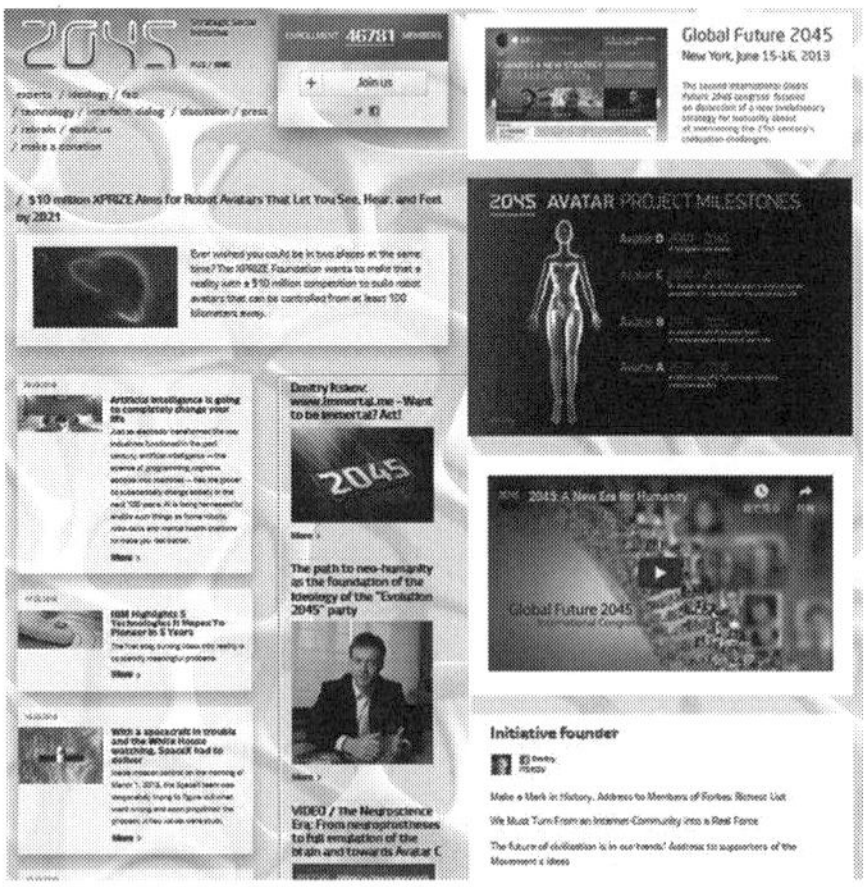

脳の内部情報をコンピュータにアップロードするプロジェクト、「2045」のサイト

し、人工の手も動かせるし、さまざまなことができるようになっています。

それがどんどん進化して、現在では「ヘッドギア方式」になっています。それを付けるだけで、さまざまなことができます。

喜多見　脳を切開しなくても信号を取り出せるんですね？

ヤス　はい、そうです。

面白い実験がありました。ヘッドギアをつけた人に映画を見せて、脳から抽出した信号だけで、どこまで人間の視覚的イメージをコンピュータで再現できるか、という実験です。映画の映像が視覚野から入って脳で処理されます。その信号をすべてコンピュータに取り入れて再現するわけですが、結果はほぼ90％の確率で再現されました。

喜多見　面白い実験ですね。

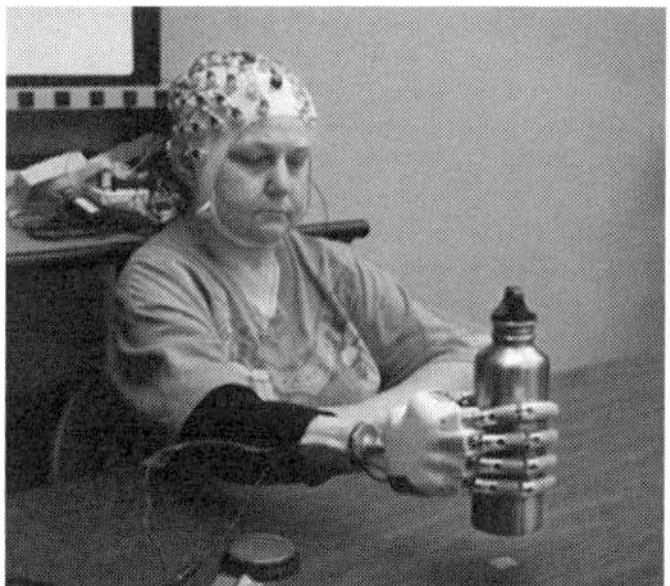

「脳コンピュータ・インターフェイス」の例

以前、バシャールとセッションをした時、私自身は、人間は死んだ後、個人はなくなって全体に混ざってしまうのだろうと思っていたんです。次に生まれるときには前の記憶はなくなって、また個として誕生するのだろうと。

でもバシャールは「君は死んでも個としての記憶はなくならないよ」と言ったんですね。

彼の考えの根本は、世界からは何もなくならない、というところにあって、個としての記憶もそうだと。

死後の世界を、ヤスさんはどうとらえていますか？

心筋梗塞で体験した、みずからの臨死。記憶は走馬灯のようによみがえり、体験は再学習される。

ヤス　これは見方がたくさんありますが、大体の共通のストーリーはありますよね。死ぬと幽体離脱して、トンネルの向こう側に死んだ家族や親族たちが出迎えている、とか、光の束みたいなところに入っていくと、自分の一番なじみのある空間にカウンセラー的な人がいて、人生を求められ、その課題を学校で学ぶとか。

喜多見　ヤスさんは以前、心筋梗塞で臨死体験をしたそうですね。

ヤス　２００３年、川崎で英語を教えていた最中に、左肩あたりがとても痛くなって腕が下がってくる。クラスを休憩させてもらって、トイレでしばらく座っていました。でも、よくなるどころか、だんだん意識が抜けてくるんです。

最初に意識が抜ける時はとても恐怖感が大きかった。眠気とは違うので意識ははっきりしているのに意識が抜けていく。まずい、まずいと思っているんですが、その恐怖感を抜けると、とても気持ちよくなるんです。甘美な感じで、このままあちらに行ってもいいかなと一瞬思っていました。

その時、どこからか声がして、「行きたいのか、とどまるのか、お前が選べ」と言われたような気がしました。僕はまだこっちにいなきゃいけない、と言ったら、身体がなんとかコントロールできるようになったんです。

這うようにクラスに戻ったら、生徒さんたちから「先生、顔が真っ白！　大丈夫ですか。そこに寝ててください」と言われて、救急車で搬送されました。

いくつかの病院を回された後、専門病院に入って、翌日まで元気だったので、うちの家内が来てくれて、「最近忙しかったから疲れていたんだね」と言いながら病室でおにぎりを食べていたんですが、その後の記憶がないんです。後で聞いたら、二度心停止をして、心室細動という症状が起こったそうです。

喜多見　その時のイメージは？

ヤス　一度目をぱっと開いたら、電極などいろいろな機械を身体につけられていて、医者が心配そうな顔で「目を覚ましましたね」と言うんです。

その前に、川の横にいたのに、なぜここにいるんだろうと。

時間の感覚がまったくなかった。静止画の中にいるような感じで、その川はまったく動いていません。そして砂浜があって。

たしか岩手の浄土ヶ浜という浜がありますけど、まさにそんな感じの風景でした。川の中央に小さな島があって、枯れ木が一本あるんです。向こう岸は霧がかかっていて全然見えない。

あれ、なんで、私はここにいるんだろうと思っていましたね。時間や空間の感覚がないので、3つくらいのことを同時並行で体験しているような感じです。

もうひとつの体験は、人生を走馬灯のように観ている感じです。でも、そのすべては「誰かと関わった時の体験」なんですね。一人のときのものは、ひとつもありませんでした。

記憶の泡の中に入っていくような感じです。その時の体験の現場に行っていて、とてもリアルな感覚で、第三者の目で自分を観ています。

喜多見　自分に同一化していない、離れて見ている感じ？

ヤス　同一化しているか、していないかすら、わからない状態です。

喜多見　必ず相手がいる体験に戻る、というのが興味深いですね。

ヤス　そうですね。しかも、相手が自分に対してどう思っているのかが手に取るようにわかるんです。当時どういう記憶が残っていたかと言うと、僕は13歳のとき、親父の都合でアメリカに行っていて、戻ってきてから日本語がうまくしゃべれなくなっていた。

当時、親父は北大の教員で、親父が「今日からお前は日本人だ」と言って、北大の近くにある定食屋で「これを食べろ」とニシン定食を出された。

今なら美味そうなんですが、アメリカ生活が長かったもので、食べ物に見えなかったんです。ハンバーガー、ピザ、ステーキの世界でしたから。

「お前は今日から日本人なんだから食べなさい」、「いや、食べない」、「食べなさい」、「食べない！」とコミカルな対話だったんですよ。

その時の親父がいかに自分を心配してくれていたのかが、その臨死体験の時に初めてわかりました。

こいつは日本語もできなくて、いじめられたりするかもしれない、友達もできるのかどうかと、とても心配してくれていたんです。

喜多見　半分死んでいる時に、その場面でお父さんがどう思っていたかがわかったんですね？

ヤス　そうなんです。ですから、人をたくさん傷つけたり、自分の欲望を達成するために多くの人間を犠牲にしてきた人には地獄ですよ。

喜多見　自分にとって、いい状況は出てこない？　感謝してるんだ、ありがとう、と言われたりするような場面。

ヤス　それもあったと思います。

喜多見　それは普通の意識で思い出しても、印象に残っている人との場面なんですか？

ヤス　いえ、そうした場面もありますが、そうでない場面もあります。自分の臨死体験では、普段忘れていたのに、その局面で初めて思い出したものもありましたね。

喜多見　重要度で出てくるんじゃないんですね。

ヤス

そうですね、違います。感じとしては、誰かが場面を選んでやっているという感じではなくて、プログラミングのスイッチが入れられて自動的に場面が再生されるような感じです。時間と空間の感覚がないので。

もうひとつイメージが残っています。

僕が倒れたのは2003年2月20日だったんですが、イラク戦争が起こったのは3月20日。その1か月前に倒れたわけです。

そのころ、かなり情報を集めていて、「イラク攻撃は避けられないかもしれない」と思っていました。臨死体験をしながらも、そのことが気になっていたんです。

そうしたら、2千年以上前の古い「ローマ時代のコイン」のイメージが出てきて、それに戦士の胸像が彫ってある。その時、ああ、これは現在の「アメリカ人の集合無意識」のことだなと直感的に思いました。つまり、もうイラク侵攻は避けられないと、その瞬間に確信したわけです。

この話には後日談があって、救急車を呼んでくれて、付き添ってくれた英語教室の生徒さんが2名いるんですが、その1人がとてもサイキックな人なんです。

いろいろと見えてしまって、会社でも霊が見えるなどと言うので、まわりから少し気味悪がられていたそうです。その人が1週間後に見舞いに来てくれて、こう言うんです。「ヤス先生、2月20日に倒れましたよね。翌日、死にませんでした?」と。

「翌日、心停止が2回あったんだよ。よくわかったね」と言ったら、

「だって先生、私の家に来たもの」と。

その時僕はニコニコ笑っていたそうなんですが、どういう服を着てたと聞いたら、死に装束ですと言っていました。それには本当に驚きましたね。

実は、最初に搬送されたのが、ある大学病院なんですが、茶髪の医者とか看護師がいて、「あ、ここにいたら助からない」と直観的に思いました。すると、ベッドに空きがないと言われて、あー、助かったと。

次に送られた心臓専門の病院で最初に主治医を見た時、「あー、この人に会いたかった！ 助かった！」と思いました。入院している2週間の間にもずっとこのことを考えていて、実際に前に会ったことはないんですが、彼に見覚えがある、懐かしいという感覚がありました。

喜多見 向こう側には時間がないから、既視感という感覚になったのかもしれませんね。

ヤス そうですね。2週間入院して退院した後、例のサイキックな生徒さんに、その人の先生にあたる人を紹介されて、このことを聞いてみたところ、「ヤス先生の前世を知っていますか？」と聞かれました。
知らないと言ったら、私の過去世は、中国に侵入した関東軍の大尉だったと言うんです。「あ

なたは戦争が嫌で嫌で、最後は撃たれて亡くなっている。その医者の先生はそのときの軍医です」と。理屈では証明できないけれど、そうだったんだと腑に落ちました。私の経験では、死は甘美なものでしたね。臨死体験も、戻ってこれればいいんですが（笑）。

医療の明るい未来と、暗い側面。

喜多見　少し医療の話をしたいのですが、未来の医療はどうなっていくのか、ヤスさんの見解は？

ヤス　いまDNA解析がどんどん進んでいますから、それぞれの疾病ごとにDNAがカスタマイズされていって、修復されるようになっていくのではないかと思います。さらに、ナノロボットがガン細胞をピンポイントで攻撃したり。各臓器はIPS細胞で生成できるようになって、あと20年くらい経つと、人間の臓器のほとんどは再生できるようになる可能性があります。

喜多見　肝臓が痛んだら、取り換えると。

ヤス　そうです、自身のIPS細胞による増殖なので、自分の肝臓になります。

喜多見　今はまだ、海外での臓器売買がニュースになったりしています。

ヤス　そうですね。中国に法輪功という気功と宗教を合体したような団体があって、最盛期には約1億人の学習者がいました。

中国共産党の中にも法輪功の学習者が広がるようになり、共産党はこの団体を非合法と認定。その会員をかたっぱしから逮捕して、2006年の江沢民のころから、法輪功の大弾圧が始まった。

死刑になった人も多く、その臓器が臓器移植用に売られていたらしい。中国は当時、むちゃくちゃだったんです。江沢民時代は、電気ショックや絞殺などの死刑は、臓器に悪影響を及ぼすからといって、臓器を損傷しない方法をとっていたという話もあるくらいです。

2001年くらいから中国の病院は国営だったものが民営になって、臓器移植は利益率が高いので、各病院が刑務所に何人欲しいと調達していたようです。

プラスティネーションという、恐怖の技術と、中国の法輪功の弾圧との関係性。

もうひとつ、おどろおどろしい話なんですが、日本でも先日展示されていた（人体の不思議展）、「プラスティネーション」（plastination）があります。人間の遺体を、特定のポーズのまま合成樹脂で固めた人体標本です。作り物ではなく、本物の遺体を使っています。ドイツで開発された技術なんですが、人体の水分や脂肪を取り除いて、プラスティック剤を注入し、全身をプラスティック化する技術です。医学標本と称して、各国で展示していますが、それに反対する声も大きい。プラスティネーションを開発した学者は、グンター・フォン・ハーゲンス（Gunther von Hagens）というドイツの解剖学者です。自分が死んだら、自分の身体もプラスティネーションしてもらう、と言っています。

喜多見　何年前くらいの話ですか？

ヤス　現在の話です。前に上野の博物館でも展示されていました。ハーゲンスと提携して、プラスティネーション最大手の工場が中国の大連にありました（現在は閉鎖）。展示会に人がたくさん来るからお金になるんです。100％証明されているわけではありませんが、この標本の遺体は、法輪功の信者たちが入っていたのではないかといわれています。

喜多見　中国はドイツからこの技術を学んだんですか？

ヤス　そうです。重慶の共産党書記だった薄煕来という人がいましたよね。失脚させられて無期懲役になった。彼の妻で弁護士の谷開来が、ハーゲンスと提携して大連で、このプラスティネーション工場を経営していたんです。

喜多見　確か、奥さんが外人を殺したとかでしたよね。

ヤス　そうです。夫婦が不法に溜めた金を海外に逃がす手助けをしていたイギリス人のニール・ヘイウッドともめて、秘書と共謀して殺したとされています。執行猶予付の死刑判決、なんて変な判決が出た（現在、無期懲役）。

中国の臓器移植の闇をカナダの調査団が調べたところ、「臓器移植の数」と「死刑執行された人数」が合わないというんです。その合わない数に関しては、法輪功の信者たちではないかといわれています。

死刑囚から臓器移植するのは2015年に全面的に禁止されましたが、実際どうなっているのかは、わかりません。

米テレビ長編ＳＦ「ウエストワールド」は、人間の暗い原初的欲望のオンパレード。

喜多見　人間にはそういう暗い側面があって、「ウエストワールド」も、まさにそうした世界なのかと思います。

ヤスさんに教えられて、私も3日間ほどで全編を観ました。ＳＦ長編ドラマです。

ヤス　「ウエストワールド」は、ご存じの人もいるんじゃないかと思いますが、２０１６年から始まった、アメリカのテレビ局ＨＢＯ制作の長編テレビドラマ・シリーズで、アンソニー・ホプキンスなどの有名どころの俳優が出演しています。

基本的には、ＡＩ搭載の人間そっくりのアンドロイドがいるテーマパークなんですね。そのテーマパークは入場料が４５０万円で、富裕層があらゆる欲望を叶えられるテーマパークです。最初は、たとえば、愛情が満たされるとか、ヒーローになるという肯定的なシナリオがたくさんあったんですが、全然売れない。一番人気があって売れるシナリオは、人を殺しまくって、セックスをしまくるような内容だったんです。テーマパークに入ってくる客たちは、手当り次第に人を殺しまくる。

喜多見　20話すべて、殺しまくりで疲れました。

ヤス　本当にそうですね。ストーリーそのものは複雑で面白いんですが、底に流れているテーマは、人間の抑圧されたダークサイドで、ここだったら自由に、抑制することなく表現していいというテーマパークの話です。

僕はウエストワールドを見て、現在のアメリカ人富裕層の悩み、内面のダークサイドをみるような感じがしました。

喜多見　スーパー・ボランティアと呼ばれているおじさんが日本にいて、70なん歳で、行方不明の男の子を発見したり、被災地に一番乗りして活躍されている本気のボランティアです。彼のように、年金で暮らしながら、人助けをしている人もいれば、かたや、ウエストワールドのような欲望丸出しの人たちがいる。

光の世界と闇の世界。私たちの世界は、将来どこに向かっていくんでしょう？

ドラマ「ウエストワールド」

私たちの持つ、根源的な暗い欲望を、どうやって「統合」していくか。

ヤス　私たちの意識が、より良い方向に発展していくためには、大きなテーマがあると思います。深層心理学のユングは「人格のあらゆる要素が統合された状態」が重要なキーになると言いました。

彼は、意識が統合された状態を「曼陀羅」に見ました。私たちは皆、破壊的なマイナス面と観音的なプラス面を持っています。

ユング的に言うと、マイナス面が人格から切り離され、統合されていないと、それが破壊的なチカラとして表現されてしまうと。

マイナス面を抑圧することなく、全体的な人格として、自分の一部に抱きとって統合していけば、その否定的なパワーをプラスに転化できる、と言うんですね。

ユングの一番大きな関心は何かというと、現在のテクノロジー社会では、人格を統合する技術や人格を統合する哲学は世に出にくいと。キリスト教や一神教的な哲学は人格統合でなく、むしろダークサイドの人格を排除する方向に働くから。

欲望は抑圧しろ、性欲は持つな、と排除ばかりしていると、逆にいつか、大きなマイナスとして人類に襲い掛かってくる。だから私（ユング）はキリスト教の欠陥を埋めるために生まれてきたと言うんです。

キリスト教が排除したダークサイドを、もう一度人格に統合することが、深層心理学者ユングのひとつの重要な目的です。

喜多見 あまり抑圧すると、地下にもぐったヤクザが、さらにはびこるという力学がありますが、ヤスさんが前にもおっしゃったように、そこを統合するシステムはまだできていません。人間が生まれてから、人生の中で一歩一歩統合していく、という作業を加速させるシステムがあったらいいですね。

「ニューロ・フィードバック」という脳のテクノロジー。

ヤス そうですね。私たちのさまざまなダークサイドをコントロールする「脳のテクノロジー」のほうが早く出てくると思います。

今僕が注目しているのは、「ニューロ・フィードバック」という治療法です。最近発見された手法で注目されています。

自分の脳波を録って、それを音楽に変換して脳に聴かせると、脳の自己治癒力が高まるというものです。脳が自分で、どこがアンバランスなのかわかるので自己調整をしていくんです。

脳は自分自身を観る鏡がないので、どこがアンバランスなのかがわからないので、こちらにエネルギーを注ごうとか、ストレスを無理やり抑圧しようとしているよ、と脳にわからせてあげる技術です。

喜多見 それは電極かなにかを使うんですか？

ヤス 脳波を録って、その脳波をコンピュータにかけると、音に変換してくれる。なので、一人ひとり聴く音楽が違います。それが結構効くらしい。ただ、どのように科学的に自動調整されているのか解明されていない点が多いので、大脳科学者などの研究が進められています。

喜多見 なにか、尿療法と似ていますね。

ヤス 似てますね。自分の脳波が出している音を聴いているだけですから、副作用もないですし。

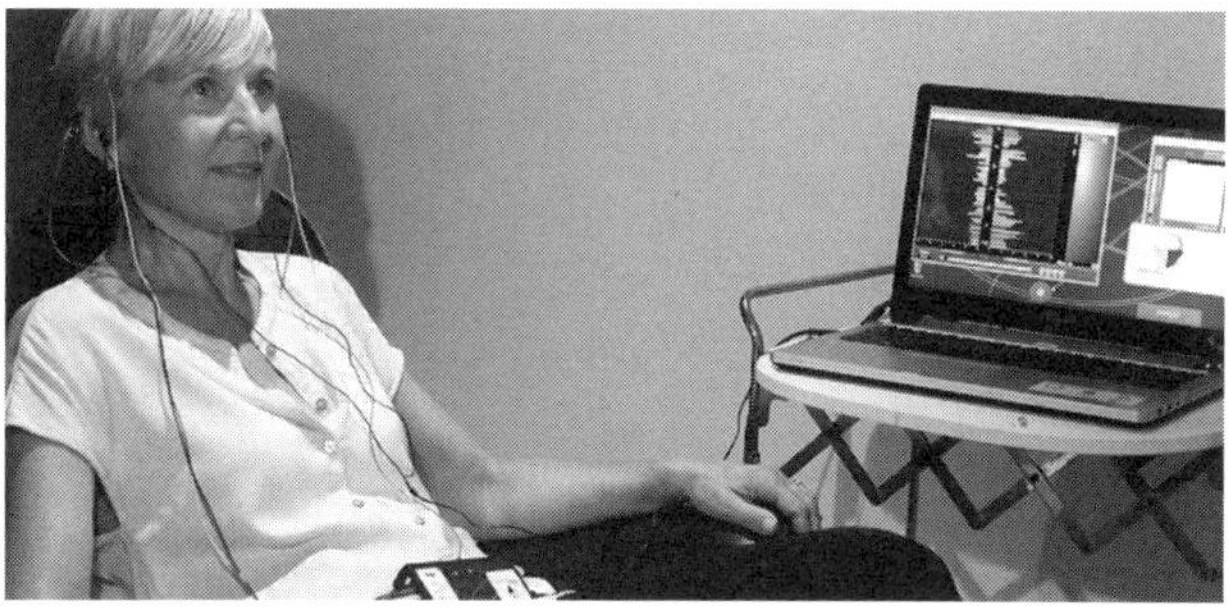

ニューロ・フィードバックの治療法のひとつ、「ニューロ・オプティマル」

僕もこれを体験してみましたが、効果てきめんでした。すごい幸福感が内側から湧き上がってきた。鳥肌がたつくらいの幸福感です。

喜多見 どういう感じの音楽なんですか？

ヤス ハープのような音です。幸福感が出てくると同時に、脳がしっかり落ち着いている感じもあります。終わった後は、脳がどっしりと座っているような感じです。心のざわめきがまったくない状態。

今2つのテクノロジーがあって、ひとつは「オプティマル・ニューロ・フィードバック」で、これは1回やるだけで効果が出るといわれています。もうひとつは、「ブレイン・ステート・テクノロジー」といって、もっと根源的に調整し直すものです。1回1時間半のセッションを10回続けるんですが、根源的に変わる、持続力があるというタイプです。

前者のニューロ・フィードバックのほうが即効性があるかもしれません。パニック障害の人などに紹介していますが、よい変化があるようです。脳の落ち着きと幸福感が素晴らしい。

ニューロ・フィードバックの治療法のひとつ、「ブレイン・ステート・テクノロジーズ」

私たち人間は、箱庭の中で観察者に観察されているのか？「宇宙ハイブリッド」としての人間、という意見。

喜多見　よくＳＦ映画にあるテーマですが、私たち人間は、箱庭のような所に入れられていて、観察者によって観察されているという考え方があります。先ほどの、ピラミッドの頂点にいる管理者がそうしている、という考えもないわけではありません。

ヤス　思い切り陰謀論系ですね。私もこういう世界が好きで、いろいろな情報を集めていますが（笑）。

たとえば、スティーブン・グリア博士の周辺では、「私は秘密宇宙プログラムに所属していた」という人たちの証言がたくさん出ています。大体のストーリーは、かなり似ていますが、偽情報も含まれているかもしれません。

その共通のストーリーは、いろいろな宇宙の種族が地球にやってきて、人類そのものがＤＮＡの実験台としてつくられた、というものです。私たち自身が「ハイブリッド」なんだと。人間の「人種の違い」がそうだというんです。かつて１００万年前くらいにＤＮＡの操作によって生まれたと。

ビリー・マイヤー（Billy Meier　１９３７年生まれのスイスのＵＦＯコンタクティ）のプレジャ

リアン（Plejarian 別次元惑星の異星人）も同じことを言っています。

「君たちの祖先の種族は、きわめて獰猛だった」「その種族（人間）は、宇宙中にいる」「リラというきわめて進化した星があって、人類種族を兵器として獰猛につくったが、自分たちに大きな影響を及ぼさないように寿命も短くした」「大抵のヒューマノイドは千年くらい平気で生きるけれど、ＤＮＡ操作して１００年くらいしか生きないようにした」「彼らが逃げて地球までやってきた」「その種族の子孫がお前たちだ」「科学のテクノロジーを発展させると、人間の内部に、操作したＤＮＡを発見することができる」「そこを修復すれば、１００年どころか１０００年生きるようになる」と言うんです。

喜多見 元攻撃兵器が、よくここまで平和な人間になったね、と褒めてあげたいところです（笑）。

ヤス 攻撃的な兵器だったのにここまでになった理由は、地球全体が４つか５つの種族の支配下にあったので、お互いが対立し、けん制しあって、特定の種族が特定の種族を全員殲滅させるのを避けられたからだ、といわれています。

まあ、これは思い切りぶっ飛んだ話ですが。

喜多見 遠い過去に宇宙人の遺伝子がハイブリッドとして入っているというのは、スピの世界では結構よくいわれていますが、あまり悪意を持った話としては伝わっていません。

ヤス　これは証明不可能だから難しいですが、いろいろと読んだり、情報を集めた結果では、悪意というより「科学実験」のようです。それぞれの種族がまったく違ったアジェンダ（目的）でDNAを操作して実験した。それぞれの進化の方向を見極めようとして。

人種ごとにもとが違いますから、中国人や日本人は同じひとつのカテゴリーになります。また、人類の魂を進化させるための愛に満ちた存在がいるかどうかは定かではない、とも語られています。

第7章

リアリティは複層化し、分化していく。

私たちには、「認知できない世界」が存在している。それは周波数の違いである。

喜多見 先ほどのウエストワールドの話は、いわゆるアンドロイドたちがいるリアルなテーマパークの話でしたが、それとは別に、脳の中にバーチャルな世界をつくるという映画もたくさんあります。

私たちの意識は、3次元的にあるわけではないから、もともとバーチャルな世界です。このバーチャルなリアリティは今後どうなっていくんでしょう。

ヤス ある意味では、なかなか見通しが難しい分野でもあるかと思いますが、いわゆる多次元性の世界を考えるときに、あまり難しく考えなくていいかとも思います。

たとえば、私たちは可視光線の範囲しか見えない。しかし赤外線や紫外線や宇宙線など、すべてが見えるような視野であったなら、まったく違った世界に生きているはずです。

最近の研究で、怒ったり、泣いたりという感情の変化はすべて脳内の電気信号であることがわかっています。

もしその電流の変化を私たちに見る能力が備わっていれば、「人の感情が見える」ようになるわけです。そうした世界に生きている人がいたら、自分の生きている世界をどう説明するのだろうと。

次元が違うというのは、そういうことなんじゃないかと思います。どこか別の所にある、というのではなくて。

喜多見 認知できていない世界があると。

ヤス そうです。たとえば、アフリカのある部族はものすごく聴覚が発達していて、私たちだったら到底聴こえないような音を感知して、あそこに動物がいるとすぐにわかります。それは私たちにとっては「存在しない音」ですよね。でも、彼らにとっては「存在する音」です。

言ってみれば、次元が異なるというのはそういうことで、同じ次元の中に厚みがあって、層があるというのかな。

ディバイスを使って、私たちの肉体的限界や視覚的限界を乗り越えていければ、ある意味、多次元的な世界に接することは十分可能になっていくと思います。紫外線や赤外線が全部見られるメガネなんて簡単に開発できますしね。

16〜17世紀の科学の勃興期に、科学のひとつの謎があった。ネズミにビーカーをかぶせると、なぜかネズミが死んでしまう。現代の私たちは、酸欠状態で死んでいるとわかりますが、当時は酸素という概念がないから大きな謎だったんです。それで、密閉された部屋にいると悪魔に取りつかれるからだと思っていた。

彼らはそれを、オカルトだと思っていませんでした。どんな生物でも空気と接してないと生命活動を保てない、魂のもとになるものは外部にあって空気を通して体内に入ってくるという仮説を立てていたんです。酸素が発見される前は。

喜多見 ある意味、僕らもそういう状態にいるのかもしれないですよね。大事なところがまったく見えていないという。

ヤス そうですね、まだ見えていない部分が大量にあるということです。

喜多見 あの、スイスの地下にある巨大な量子実験装置ですが、

ヤス CERNですね。

喜多見 ええ。ふたつの陽子を加速してぶつけると、砕けてさまざまな素粒子があらゆる方向に飛んで行くわけですが、そのうちのいくつかは、この世界から消えてしまう。どこへ、ということで

すが、もしかしたら、これは「世界の多層性、多重性」なのかもしれないと思います。

「意識」が結果に影響を及ぼす、という量子力学の考え方。

ヤス　量子力学の発展はめざましいですね。量子力学は最小の物質を求めるわけで、素粒子までいく。素粒子の振る舞いを見ていると、存在するとも言えないし、存在しないとも言えない。人間の「意識との相関」にまでいってしまう。

「素粒子は粒か波か」を確かめるための、いろいろな実験がありますが、二重スリット実験と呼ばれる実験が素粒子の性格をよく表しています。

電子をひとつずつ撃つ銃のような装置を作り、2本のスリットを通してスクリーンに当てます。すると、スクリーンには干渉縞ができることから、「粒でもあり、同時に波でもある」ということが証明されました。

これは1粒ずつ打っても結果は同じで、ある実験者が撃った場合は、粒として振る舞い、ある実験者が撃った場合は、波として振る舞ったんです。

ではそれは、「何によって」変わるのかというと、どうも「実験者の意識」によって変わるらしい。

喜多見　波であり同時に粒であるので、電子が今、どこにいるのかは言えない、という性質ですね。

「観察者」がいる場合に初めて、電子はいまここにいる、とわかる。つまり、「観察者がいなければ、現象は起きていないに等しい」とも言えるという量子物理学ならではの現象ですね。

ヤス　ノーベル物理学賞をとったウィーン生まれのヴォルフガング・パウリ（Wolfgang Pauli）が、ユングと共著を出しています。素粒子物理学がまだ勃興期で、素粒子が意識と相関することがわかりかけていた時期に、こんなふうに言われていました。

「あいつを実験所に入れるな、素粒子の振る舞いが変わる」と。

このことは、私たちの住むこの物質的な世界そのものが、一体なんなのかという議論につながってきます。この世はすべて、私たちの想念がつくり出したものかもしれない、という可能性が出てきたわけです。

喜多見　思考が現実化するという本がありますが、そういう考えはスピの世界ではずっとあるわけですよ。問題解決するとか、何か達成したいときに、意識の中で「想うことの力」が現実をつくっているのかもしれない、という。

世界は「想念」がつくっている、と言った哲学者。世界は、私たちが観ていないと存在しない、かもしれない。

ヤス　西洋哲学の世界では、それが長い間、問題になっています。

18世紀にカント（Immanuel Kant）という哲学者がいました。彼は、世界をつくっているのは人間の想念だ。世界を特定の様式で認識し、見ることができる心の構造があるがゆえに世界がこの世に存在していると証明しました。

では「人間が介入していない世界」はどういうものかというと、精神に対するものとしての「物そのもの」であると。それが、ヨーロッパの「主観哲学」の起こりで哲学の柱になっています。

その後、19世紀の終わりから20世紀のはじめに「現象学」（フッサール等による、「主観は客観か」を研究した哲学）が生まれて、私の想念がどうやってこの世界をつくり出しているのか、その様子を体験してみようということが始まった。

「現象学的還元」（主観による判断の停止、の意）という難しい言葉を使いますが、これは「禅の瞑想」に近い。

瞑想の極致に至ると、水墨画で描くように、自分の想念が世界をつくり出している様を見ることがある。想念の流れがどんどん固まって物質化していくのが見える状態です。

喜多見　前も少しお話ししましたが、アメリカに住んでいるインド人の量子物理学者アミット・ゴスワミを日本に招聘して講演してもらい、インタビューして本も作りました。
彼は「月は、見ていないときには存在しない」と語っています。（アミット・ゴスワミ著「驚天動地」ヴォイス刊より）

ヤス　興味深いですね。

インドにタゴール（Ravindnarath Tagore）という有名な詩人がいます。彼とアインシュタインが対話した。「世界はどのように存在するのか」というテーマで。

アインシュタインは、人間がいるいないにかかわらず、客観的な世界は存在すると考えましたが、タゴールは否定しました。

それは、「私たちの想念がつくったものである」と言うんです。

主観哲学は、哲学の内部で発展してきましたが、１９４０年代になると量子力学が出てきて、私たちの主観によって世界が生成されていることが科学的に確かめられるようにまでなりました。

ただ、それを、時間をかけて完成度の高いものにしたかというと、そうはならなかった。足をつっこめばつっこむほど、訳のわからない世界に入っていくことになる、と思ったのでしょう。

喜多見　スピの古典の本（「ヒマラヤ聖者の生活探究」）があります。その中に、聖者が「ボディ・ダブル」といって、身体をふたつに分けたり、物質をすり抜けたり、空を飛んで行ったりする話が出てきます（笑）。

いわゆるリアリティというか、硬いコップが今目の前にあるよね、というリアリティが、今やはり少し、ゆらいできていますよね。

ヤス　うん、僕もそう思う。意識との相関関係ですよね。

アメリカの著名な科学ジャーナリストにリン・マクタガートという人がいて、想念によって実際にどれだけ現実を変えられるのかの実験をしています。

最初は簡単なものでした。発芽したばかりの豆の木をロサンゼルスのカメラの前に置いておく。もうひとつの豆の木をゲッティンゲン（ドイツ）かどこかに置いておいて。

インターネットで両方を流して、観ている人に、一方の木にはポジティブな想念を送ってくれ、と言って、みんながそちらに想念を送り続けた。もう一方には想念なし。どちらが早く育つかの実験でしたが、みんなで想念を送り続けた豆の木のほうが明らかに早く育ったんです。

リン・マクタガート

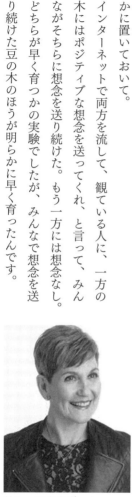

もうひとつの実験は、セントルイスに犯罪率がとても高い地区がありまして、想念だけで犯罪率が下げられるかという実験もあった。

喜多見 それは面白い。

ヤス 特定の期間を区切って、科学実験ですからね。この期間に、想念を送ってくださいと。祈りでもいいし、想念でもいい。結果は、祈っている期間だけ犯罪率が下がったんです。祈りの数が多いほうがいいのか、ということですが、実際、実に興味深い結果が出ました。6000人の祈りと、たった1人の祈りを比べてみたら、効果は同じだったんです。

喜多見 興味深いですね。

ヤス では、想念実験をもうひとつ。数年間断続的におこなわれ、2008年くらいに終了した実験です。
当時スリランカでは内戦がありました。タミル族の「タミルの虎」というゲリラがいて、国内でテロを繰り返していた。なかなか停戦条約も結ばれない。
それで、多くの瞑想者を一か所に集めて、スリランカでテロが減少するように、想念でテロを止められるか実験した。

その結果、瞑想している間だけテロの発生件数が大きく減少したんです。

喜多見　テロリストのほうも影響されちゃうんですね。なんか今日は気が乗らないなあ、と（笑）。

ヤス　想念の影響は巨大だ、ということが、これらの実験で、よくわかります。

喜多見　以前流行っていた時に、ユリ・ゲラーを日本に招聘したことがあります。彼はスプーン曲げで有名ですが、想念で物を動かすチカラが特に強かったですね。

ヤス　私たちにも、そういうチカラが隠れているんだろうと思います。

第8章

未来が個人に降ってくる。チャネる人たち。

タイムマシン。有名な「親殺しの矛盾」は存在しない。未来人、ジョン・ティターの語るタイムマシンの原理。

喜多見　「タイムマシン」の話をしましょう。タイムマシンと言えば、有名な「親殺しの矛盾」というのがあって、時間を遡って親を殺したら、自分は生まれないからおかしいというのがありますよね。でもヤスさんは、「いや、おかしくない」とおっしゃっていました。

ヤス　実際、タイムマシンがあるかどうかわかりませんが、1999年終わりから2001年の春にアメリカの掲示板に書き込みを始めたジョン・タイター（John Titor）という未来人の話をしましょう。

今、2チャンネル系では「未来人」の話が有名になりましたが、その先駆けとなる人です。日本では「ジョン・タイター」になっていますが、実際の英語の発音では「ジョン・ティター」です。

この人は2036年の未来から来た未来人ということになっています。なぜ現代に来たかというと、「2036年問題」を解決するために来たと言うんです。

現在私たちの社会のインフラに使われているユニックス系のコンピュータの時間管理システム

が２０３６年でゼロに戻ってしまうと。以前も「Ｙ２Ｋ問題（２０００年問題）」がありましたが、同じようなことが２０３６年にユニックス系のコンピュータに現れると言うんです。

それを再プログラミングするために、なぜこちらに来たのかと言うと、70年代に開発された古いマシンでないと再プログラミングできないからだ、と。

再プログラミングするためのコンピュータがＩＢＭ５１００という１９７５年に開発されたマシンで、ＩＢＭの裏プログラムがあって、それを使うとユニックスの時間管理システムが変更可能だからそれを入手しに来た、と。

はじめは、与太話だと思われて、からかわれていたんですが、実際に調べてみると「２０３６年問題が本当に実在」したんです。

まだ先の話なので今はなにも言っていませんが、本当にユニックス系のインフラで使われている時計がストップしてしまうことがわかりました。

また、驚いたことに、ＩＢＭ５１００には確かに裏プログラムがあった。ＩＢＭのエンジニアがその掲示板を見て、「なんでこいつは、そんなこと知ってるんだ」と騒ぎだしたんです。

ＩＢＭ５１００

この未来人は1998年生まれということですから、2036年でもまだ38歳くらいです。彼が言うには、タイムマシンができたのは2033年で、CERNが最初にタイムマシンをつくったと。

でも一般人が使うことはできず、軍の特殊要員でないと使えないそうです。その未来人の彼も軍人です。

タイムマシンの動作の原理は、どうもブラックホールと関係するようで、CERNが素粒子をぶつけてブラックホールの生成に成功した。

CERNが出している発表にその論文も載っていると言っていましたが、その数年後、本当にCERNが小さなブラックホールの生成に成功したという記事が発表されました。

喜多見 一時、その話でみんなが怖れてしまい、実験中止の訴訟までありましたね。ブラックホールが生成されると、みんながその中に吸い込まれてしまうのではないかと。まあ、そうはならなかったんですが。

ヤス どうも、人工的にブラックホールをつくってその中に入ると、ブラックホール全体がキューブ状の球のような状態になって、時間の中を移動できるらしい。
非常に小さな装置で、言ってみれば「ブラックホール製造機」なんです。車にも積めるし、どこにでも運べるらしい。

喜多見　行先の年号や場所も指定できるんですか？

ヤス　指定できるようですが、あまりにも遠い未来や遠い過去には行けないといいます。

喜多見　何年範囲とかあるんですかね？

ヤス　大体20～30年範囲くらいみたいですね。

というのは、遠い未来や過去に行けば行くほど、いざ戻るときに、今のタイムラインからズレてくるらしい。同じ現在に戻れないと言うんですね。

今が２０００年で、私は２０３６年から来ているけれど、自分がいた場所に戻ると、その２０３６年は、自分が生きていたタイムラインと少しずれると。

喜多見　一時間後のロッタリー（宝くじ）の当選番号をちょっと見て、現在に戻ってきてその番号を買うっていうのもできるのかな。

ヤス　そのくらいの時間の幅ならできるのかもしれませんね（笑）。今言ったように、ぴったりその時間に戻って来られないので、できるだけ戻って来られる範囲の近いトラベルに限られるそうです。

喜多見　時間も場所もずれるかもしれないと、行きはよいよい、帰りは怖い、ですね。

ヤス　彼が言うには、1988年に移動して自分の親と住んでいる場所まで行ってみたら、お母さんが赤ちゃんの自分を抱っこしていたと。最初はお母さんは驚いたけれど、顔がそっくりなので、説明したらわかってくれたそうです。

ですから、赤ちゃんの自分と今の自分とが、「一緒に育っている」わけですね。

私たちの現実は、常に、際限なく分岐していく。
だから、「親殺しの未来」は矛盾しない。

ヤス　そこで、もし「自分が親を殺したら、自分は存在しなくなるのか」と質問してみたら、「そういうことはない」と。もし親を殺したら、親を殺した、ということを起点に、「別のタイムラインが発展」するんだと言っていました。

喜多見　バシャールの言うとおり、現実は「分岐していく」ということですね。

ヤス　どんどん分岐する。分岐には制限がなく、「際限なく分岐」するそうです。これはジョンが言ったのではありませんが、「自分は複数いる」わけですよ。その複数の自分がなにかの形で、お互い、別な自分とコンタクトをしていると言うんです。

喜多見　僕らが。

ヤス　そう、僕らが。別の自分と。

喜多見　じゃあ、突然パッと考えが入ってくるときなどは、別の自分の考えが入ってきた、ということなのかな。

ヤス　そうかもしれませんよ。いずれにせよ、ジョン・ティターは、親を殺しても別のタイムラインになるので、自分が消滅したりしないと語っています。

喜多見　ジョンは今も情報発信しているんですか？

ヤス　いや、彼は1999年秋くらいから掲示板に書き始めて、2001年3月にいきなり消えました。「任務を完了した。バイバイ！」と書いて。

面白いのは、彼にいろいろな質問が来るので、彼が膨大な情報を書き込んでいるんです。その彼の答えをまとめた情報のアーカイブ・サイトがたくさんあって、そこには、未来はこうなる、といろいろな情報が載っています。

興味深いのは、ジョン・ティターが言ったタイムラインは、今実際に進行しているタイムラインとは少し違っているようなのです。

2000年当時に、「アメリカの分裂」をすでに予言していたジョン。

2000年はブッシュ（息子）が当選した大統領選の年で、大方の意見ではゴアが勝つと言われていた。いわば、アメリカが景気がよくて平穏だった時期です。でも、そこでジョンは、こう言った。

「アメリカはこれから分裂状態になる」と。共和党の保守的アメリカと、民主党のリベラルなアメリカが対立して収拾がつかなくなり、内戦状態にまで発展する、と言ったんです。次の大統領選の2004年は、左右分裂の大変な選挙で、そこからエリートと民衆の内戦状態になると。大体2020年のはじめに、アメリカを独裁国家にしようといているグループをすべて処刑し終わって、アメリカ憲法が書き換えられたと。それは凄まじい内戦だったと語っています。

SFチックに聞こえますが、長い目でみると、アメリカの分裂は確かにブッシュ政権以降、拡大したと言えなくもない。ただ彼のタイムラインのように、2004年の大統領選挙から分裂して内線状態が始まるということはなかった。年を追うごとに分裂は激しくなってはいますが。

それと1999年のY2K問題（2000年問題）は、蓋を開けてみたら、なにも起こらなかった。ジョンは、私のいたタイムラインでは、この問題でコンピュータが止まって大変な状態だったと言うので、やはりここでも「タイムラインのズレ」が起こっています。

まだ私たちが「狂牛病」という名前も知らなかった時に、ジョンは、「アメリカに狂牛病が蔓延して、かなりの被害を及ぼす」と言ったり、「9・11を示唆するようなこと」を言ったり、「科学技術の発展」など、実にさまざまなことを語ったわけですが、当たっている部分もあります。

ただもちろん、ジョン・ティターは、すごく頭のいい誰かの偽造じゃないかという話もあった。IBMのエンジニアが書いたんじゃないかとかね。でも、いずれも証明されていません。

ジョンの資産管理を任された弁護士まで登場。その現実味は、さらに増した。

ただ面白かったのは、「Coast to Coast AM Radio」というラジオ番組で、ジョン・ティターと一緒に暮らしていた親の「弁護士」がゲストに出てきた。なぜ弁護士が出てきたかというと、実はジョン・ティターのすべての資料を持っていると。そして、管財人になってくれと頼まれたそうです。

自分たちは表に出たくないから、弁護士を通してすべてを話したいと。その弁護士は、ジョン・ティターのすべての生の生活記録や、書いたもの、話したことすべての記録を持っていて、資産として管理していると言うんです。

先ほどのラジオ番組の中で、その弁護士にインタビューしています。弁護士曰く、「こういうクライアントが来たから受けたけれど、私は普通の弁護士であって、通常の業務はハリウッドのアーティストの契約の管理なんだ」と言うんです。でも、そのとき来た仕事が毛色が変わっていて面白そうだから受けたと（笑）。

それで、ジョン・ティターが誰だか知っているかと聞かれて、「知っている」と。「どう思う?」と聞かれて、弁護士は「うーん、どうなんだろう。でも、面白いね」と（笑）。

喜多見　そもそも、ジョン・ティターという人間は、現実にこの3次元の世界にいたわけですか？

ヤス　いたんです。でも、今は２０３６年に戻ってしまった。

喜多見　アメリカの2チャンネルのような書き込みだけがあったのではなく、実際に彼がいたと。

ヤス　ええ。いたと、ジョンの親が弁護士を通して証言しているわけです。「私はジョン・ティターと一緒に生活をしていた」と。

喜多見　ほう・・・。

ヤス　ちょっと残念なのは、ジョン・ティターの言っていることは面白いんですが、当然すべて英語ですよね。その英語を誰かが日本語で訳したと称して、「これがジョンが公表した２０２０年代の日本の地図」だ、などというのはすべて嘘です。

喜多見　フェイクまで出た。

ヤス　ええ。ジョンは日本に関しては、ほとんど何も言っていませんから。でも、ジョン・ティターがひとつの起点になって、ネットから、どんどん「未来人」が出て来ることになります。日本の2チャンネル系の未来人も、すごい数がいます。でも、ほとんどはフェイクじゃないかな。外れてますから。誰でもネタで言えるというレベルだというのもあるし。

喜多見　日本に出現した「2116年の未来人」はどんなことを言っているんでしょうか?

登場人物が、全員「未来人」というチャンネルまであるアメリカ。

ヤス　これが面白いんです。ほとんどが外れなんですが、その中で不気味な例がいくつかある。2116年の未来人は日本の例ですが、その前に、アメリカでの未来人の話をしましょう。アメリカにエイペックス・テレビ（ApexTV）というユーチューブのチャンネルがあります。これは全部が未来人なんです。三千何年から来たとかいうのばかりです。2030年から来たとか2040年なら少しは信憑性があると思いますが、2600年から来たとか、数百年先から来たというのは信憑性に欠けます。

そうした未来人は「普通の英語」で話しますが、私たちの言語は、250年で通じなくなると言われています。言語が進化して変わってしまって通じなくなる。

エイペックス・テレビでは、未来人を発掘して、それがインタビュー動画になっています。未来人は、顔だけ隠して「タイムトラベラーのなになにです」と自己紹介して始まっていきます。

その中でも時折、有名になる未来人が出て来ます。話に説得力があるとか、ウソ発見器にかけられてもウソが出ないとかね。

喜多見 先ほどの2116年の未来人に戻っていいですか。

小池百合子、トランプ。群を抜く脅威の的中率。予言が当たりまくり。皆が驚いた日本の「2116年から来た未来人」。

ヤス はい。2116年から来た未来人は日本の2チャンネルです。その未来人は2016年5月24日に書き込みを始めたんですが、1日か2日だけ書き込んで、いなくなった。

「私は2116年から来ました。でも、あなたたちと同じ世界にいるわけじゃない。2116年のテクノロジーがあって、あなたたちの掲示板に未来から書き込めるようになりました。自分自身はまだ2116年にいますが、何でも聞いてください」と書いてありました。そうすると、いろいろな人が未来人に質問するわけですね。

ちょうど2016年5月は、日本では、東京都知事は舛添要一だったんです。彼のスキャンダルが出たばかりの時期で、それも公用車を私用で使ったという話でした。まさかそれだけで彼がクビになるとは、あの時まだ誰も想像していなかった時期です。

その後、オークションで高価な絵画を買っているとか、いろいろ発覚するんですが。

その時、誰かが「舛添都知事の次の都知事は誰ですか」と質問したら、未来人は「小池百合子」ですと答えた。

その時は、舛添都知事が去るとは誰も思っていなかった時期ですし、当然、小池百合子の小の字も出ていない時期だったので、あれには驚きました。

2016年5月24日の段階では、アメリカの大統領選が同年11月8日で、当時ヒラリー・クリントンが圧倒的に優勢だった時です。

2016年10月の後半になって初めて、彼女のメール問題で危うくなってきたわけですから、それ以前はクリントン圧勝だろうと言われていました。

でも、その未来人は、「次のアメリカの大統領は誰ですか」と聞かれると、「ドナルド・J・トランプ」と答えた。

当たるか？　未来人の2019年の予言は、日本の「新年号名」と「東京直下型地震」。

日本の「年号」の話も面白かった。「安久」（あんきゅう）と言います。今回は天皇が自らの意志でご退位されますが、未来人は、平成の年号は平成35年まで続き、そこで「安久」という年号に変わると言っています。切り替わり時期はズレましたが、年号はどうなるでしょうか。

また地震については、2111年には荒川大地震、そして「2038年11月3日には東海地震」があるとも語っています。

この未来人が今回書込みをした最大の目的は、地震の警告のためだそうで、「2019年5月9日東京直下地震が襲う」と。

喜多見　それだけ当てている未来人だと、信じちゃう・・・。

ヤス　要注意ですよね。

だから、もしも2019年5月9日あたりに、先ほど見せたスマホの地震予知アプリ（ゆれズバ）の東京付近に赤いマークが出ていたら、何日か前には避難しないといけないかも・・・。

それと、火災がひどいことになって、暴動まで発生すると書いてありました。

それでも日本政府は、無理して東京オリンピックをやると。もしかして、場合によっては地震と火災が、暴動の原因になっているのかもしれません。
また安倍晋三の後に総理大臣になるのは、谷垣さんだと言っています。

喜多見 それはないように思いますけどね。

ヤス 僕もそう思うのですが、最近ちょっと情勢が変わってきたんですよ。ご承知のように谷垣さんは健康問題で政界を引退しましたが、来年の参院選の出馬を期待する声が強くなっているようなんです。政界復帰ですね。

喜多見 出て来るんなら、小泉ジュニアじゃないですか。

ヤス 小泉信次郎で心配なのは、彼はネオコン系シンクタンクの出身なんですよね。アメリカは、そういうことをやります。有名な政治家になると思ったら抱き込む。どの政党にもしっか

【独自速報】政界への電撃復帰は？谷垣氏があす自身のグループ会合に2年以上ぶり出席へ

FNN 政治部　2018年11月20日 火曜 午後3:00

3-LINE SUMMARY

- 谷垣前幹事長が2年以上ぶりに自身のグループ会合に出席
- 自転車事故から復帰へ…事務所はバリアフリー化
- 「政治家は死なず」？参院選出馬で政界復帰説も

り送り込んでくる。

喜多見　彼の甘いマスクが人気らしいから。

ヤス　この人ならどの勢力も納得するだろう、という形で抱き込んだ人を出してくる可能性がある。

喜多見　ほかに面白い未来人は？

タイムワープ技術で、さまざまな未来へ行ってきた、モントーク・プロジェクトのアル・ビーレックという男。

ヤス　ええ。未来人という表現では出てこなかったんですが、アル・ビーレック（Al Bielek）という人間が1989年のアメリカのUFO系のプレゼンターの一人として出てきました。実にその内容が面白かったですね。自分は「モントーク・プロジェクト」という、アメリカの秘密プロジェクトのメンバーの一員なんだと言うんです。

モントーク・プロジェクトは、有名なフィラデルフィア・エクスペリメント（1943年、軍艦エルドリッチに強力な電磁波を浴びせたところ軍艦が別の所にテレポートしたといわれる実験。同名映画も）の後を引き継いだ研究プロジェクトです。

アル・ビーレックは最近（２０１１年）亡くなったんですが、「タイムトラベルの技術はモントーク・プロジェクトの時代にはすでにあった」（１９３６年に偶発的にその技術を発見）と言うんですね。強力な電磁波をかけるようですが。

アルは１９２７年生まれですが、彼は生まれた直後に、エドワード・キャメロン（Edward Cameron）という男の魂が実験により入れられたともいわれています。

このエドワードは１９１６年生まれで、ハーバードでPh.D.を取得。原爆開発者のジョン・フォン・ノイマン（John von Neumann）博士と共にモントーク・プロジェクトをはじめ、多くのプロジェクトで働いた男です。

後にアルは、エドワードの実の弟のダンカン・キャメロン（Dunkan Cameron）と一緒にモントーク・プロジェクトなどで働くことになりますが、その時に、タイムワープ技術でさまざまな未来に行ってきたといわれています。

その未来、２１７３年には世界人口は「3億人」に激減。２７４9年では、世界は「ウイングメーカー」（同名書籍ヴォイス刊）と呼ばれる極めて優れたＡＩによって世界全体が管理されているようです。

喜多見　今は世界の人口が70億人くらいですから、未来はまさに激減ですね。

ヤス　その未来で彼は観光に関する仕事を与えられて、確か5年くらいいたらしい。5年したらこちらに戻れという司令を受けて、またもう一度こちらに戻ってきた、と言うんですが、アイデンティティも変わるし、タイムラインも過去、現在、未来がつながっていない。あちこち行って話は複雑なんですが、ものすごく面白いですよ。

喜多見　それはどういうメディアで見られますか?

ヤス　アル・ビーレックはネット上の「LIFE OF AL BIELEK」というサイト(bielek.com/)で、有料ですが、彼の講演などが音声と映像で手に入ります(英語)。彼はものすごくプレゼンテーションがうまくて、通る声で、実に説得力のある会話でした。

タイムトラベルをした時は、頭がボーっとしていたと言っていたようですが、彼自身、タイムマシンにつながるテクノロジーの研究者の一人だったようです。

電磁波を使い、その原動力が何かはわかりませんが、特定の電磁場をつくることがタイムマシンの条件になるようです。

僕はアルの講演の音声や映像を当時好きで、徹夜しながらずっと聞いていました。2007年ごろですけれど。いろいろな人間が出てきて、とても面白かった。

モントークは地名で、そこには現在もまだ不気味な施設があります。陰謀論になりますが、この不気味な施設は一体なんなんだと。モントークはニューヨーク州の半島の先ですが、巨大なレーダー基地の廃墟みたいなところがあります。

喜多見　電磁波だから、それっぽい。

ヤス　このモントーク・プロジェクトの周辺は、まだまだ興味深い話がたくさんありますが、日本ではあまり知られていません。多分英語がバリアになってしまっているんだと思います。

喜多見　ありがとうございます。では次に、ヤスさんがとても詳しい「エノク予言」を。

ローマ法王に関する予言が的中するか。ビリー・マイヤーの「エノク予言」は、1987年に今の時代をするどく言い当てている。

ヤス　未来人の予言は数多くありますが、先ほどの2116年の未来人の予言は、当たっていた数少ない例で、外れのほうがずっと多いんです。
でもその中で、私が無視できないと思っているのが「エノク予言」（Henock Prophecy）です。エノク予言は、プレジャリアン（Plejarian）という地球外生物とコンタクトをしている

１９３７年生まれのスイス人、ビリー・マイヤー（Billy Meiyer）が１９８７年2月28日に行った第２１５回のコンタクトの記録です。21世紀の世界がどうなるのかの予言を与えられたものです。

元のスイスのドイツ語での発表が１９８７年ですが、英語に翻訳されて読めるようになったのは２００2年。僕は２００2年に読んで、きわめて面白かった。

21世紀に入って最初にアメリカが狂いだすと言われています。ＷＴＣ（ワールドトレードセンター）の事件は始まりにすぎないと書いてある。

もしこれが本当に１９８７年に書かれていたのならば、ＷＴＣの事件は始まりにすぎないと、なぜわかるんだ、ということで興味を持ちました。

英語版公開が２００2年ですから、それが偽造されたのか本当に当たったのか、と。

読み進めていくと、ある一貫したモチーフが出てきます。元の予言の１９８７年、時の法王はヨハネ・パウロ二世ですが、その法王の次の次の法王が「最後の法王」であると言うんです。パウロ二世の次がベネディクト十六世、その次がフランシスコ一世、現在の法王の代でローマ法王は終わるのだと。

彼がバチカンに居住できなくなるタイミングからヨーロッパが荒廃しはじめると語られています。ヨーロッパが極右運動で狂い出し、ＥＵが実質的に解体に近い状態になる。ヨーロッパ各国にナショナリズムが高まって紛争が出てくるといわれています。

ヨーロッパ各国で内乱状態になるが、それを誘発するのが、イスラム原理主義者のテロであると。

一方、ロシアがヨーロッパ全域を攻撃する。主な戦場はフランスになる。ロシア軍を背後から支援するのが、それぞれの国で活動しているイスラム原理主義組織だと。

つまりロシア軍とイスラム原理主義組織が手を結ぶ構図です。

そのような時期に、アメリカは内乱状態になる。

内戦が二度起こる。2度の内戦の後に、アメリカ合衆国は「5つに分裂」する。その5か国のいくつかは「キリスト教原理主義」が支配する国だろう、と。

一方、中国は、世界全体を自分が支配する権利があるという誇大妄想を持ち、領土を拡大しようとする。

それに従わない国は無理やり従わせる。そして、インドに侵攻。インドと一戦を交え、アメリカ西海岸にまで侵攻する。

などなど、ほかにもたくさんあるんですが、世界は無政府的な大混乱状態になると言うんですね。

2002年に読んだとき、これはもうファンタジーだろうと思いました。なぜなら、2002年はサブプライムローンもリーマンショックも起こっていない、グローバリゼーションの絶頂期で、なおかつユーロが1999年に導入されて、2004年は拡大EUが成立しました。2

年後に28か国の拡大EUになるのですから、ヨーロッパは楽観的ムードの嵐です。その中で、ヨーロッパがナショナリズムで分裂するとか、ロシア軍が攻め込むとか、当時ロシアはG7ではなく、G8の仲間でしたので、これはありえないだろうと。またノストラダムスのようなものかと。

しかし時間が経つにつれて、どんどん予言に近づいてくるじゃないですか。要するに、ISのようなイスラム原理主義運動のテロ、それにともない極右運動の活性化、反EU運動もますます盛んになり、そして、アメリカの分裂。内戦に至るような憎しみが今どんどん出てきている。ではバチカンにローマ法王が住めなくなる時期とは、いつなのかをみてみると、イスラム原理主義やテロによって住めなくなるのかと思っていたら、そうではないかもしれない。現在のフランシスコ一世は法王辞任を迫られているんです。

聖職者たちによる「ペドフィリア」(児童性愛)を隠していたと。特にアルゼンチンで司教をやっていた時、知りながら隠していたとして、今法王は非難の的になっています。予言が近づいて来ていると言えるかもしれません。

喜多見 なるほど。

2012年になると、ビリー・マイヤーが新たにプレジァリアンとコンタクトをしています。

プレジァリアンとのコンタクトは、それこそ毎週のように行われていたので、膨大な記録があります。その中で、マイヤーが「1987年のエノク予言は、どのくらいの確率で当たるのか、いつの時代のことを言っているのか」と聞いたら、「2020年代の世界」のことだと。我々の計算では、このままいくと「92％の確率で当たる」と言っています。

喜多見　ビリー・マイヤーは今、いくつですか？

ヤス　1937年生まれですから、今年で81歳です。

喜多見　まだご存命で？

ヤス　はい、まだ生きています。
このエノク予言は、彼らから言わせると、実は人類史上ずっと前からあって、この地球に移住してきた人類がどのような末路をたどるのかは、「数億年前から運命的に決定されている」のだと言っています。しかし今なら避ける余地はある、とも言うのです。

喜多見　どうやって？

ヤス　人類が心根を新たにして、行動形式をがらっと変えることで、避けられると。ただし、今のままだと92％は当たってしまうらしい。

喜多見　天変地異的なことも語られていますか？

ヤス　ええ。ロシア軍が攻めてくるのは第3次世界大戦の引き金になるんですが、その前にヨーロッパには大天変地異があると言っています。暴風雨とか天候の変化がひどい状態になると。僕の講演会では、参加者がエノク予言を読んでくれているので、最近のローマ法王の児童性愛の問題に関しても、エノク予言は当たるんじゃないかと騒いでいます。

喜多見　では次に、クレイグ・ハミルトン・パーカーを。

イギリスのEU離脱を言い当てたクレイグの脅威の的中率。7割から8割！

ヤス　クレイグ・ハミルトン・パーカー（Craig Hamilton Parker）は、イギリスの著名サイキックです。この人は、会社名を明らかにしていませんが、広告代理店の経営者だった人です。社交性があって、ビジネスマン的なセンスもある人。それがインドに行って修行をして、もともとあったサイキック能力を開花したというタイプです。

ユーチューブで、イギリスではとても有名な人物ですが、ロシアでも有名です。ロシアは、スピリチュアル文化がディープな国で、予言などにも関心が高い国なんです。

クレイグ・ハミルトン・パーカーは来年の予言を前の年の9月に出します。

喜多見 いま2019年の予言がちょうど出るころですね。

ヤス はい。僕は、ここ3年くらい彼の予言を追っていて、彼の予言がその年、当たったか外れたかを検証していますが、ほぼ7、8割当たっています。

喜多見 7、8割当たるのは驚異的ですね。

ヤス 誰もそう思っていない時に「イギリスはEUを離脱する」とはっきり予言しています。2015年9月の予言です。トランプが立候補して1か月も経たないうちに、「次の大統領はトランプ」だと言っていました。

イギリスではテレビにもよく出ていて、日本で言えば、江原啓之みたいな人ですね。とても楽観的で、幸福そうな人でね。私たちは、どうすれば楽観的になるのか、どうすれば幸福になるのかをずっと語っているようなタイプの人です。

喜多見 エノクは暗いですよね（笑）。

ヤス 真っ暗。地獄のような暗さです。それは、君たちの努力で避けてくれと言っているわけです。コンタクトした存在は、黙っているとこんなことになってしまうから気をつけてと。

第9章

英語力と人が、情報価値を連れてくる。

アメリカ留学中の「英語訓練」は日本とはまったく違う。ほとんどフォト・リーディング。

喜多見　ヤスさんが、これだけ私たちの知らない情報を集めてくる「収集能力の根源」はやはり「英語力」ではないかと思うんですが。

ヤス　そうですね、「英語力と好奇心」ですかね。

喜多見　英語は超ネイティブです。

ヤス　能力というか、読む・聞くことが圧倒的に多いんです。
実際、ネイティブとしゃべることは、それほどない。しゃべるときは、しゃべりますが（笑）。
基本的には、アメリカにいた時の読む・聞くの厳しい訓練が基本になっています。

喜多見　アメリカでの訓練は、どのように？

ヤス　まず外国人学生が集められて、テストとして「読むスピード」を調べられます。

当時、20歳の日本の学生としては、速く読んでいるほうだと思っていました。「速読即解」で、1分間76ワードくらい読んでいたんです。要するに翻訳しないで頭から読む。でも、「こんなに遅くては皆についていけない」と驚かれた。

喜多見　ほー。1分間76単語は、結構速いと思いますけど。

ヤス　いや、それでは、ついていけない。ハーバード大学では平均「1分間450語」だと。それが当たり前の世界に入ってしまったということです。

喜多見　それで、ヤスさんはどうなさった？

ヤス　目標を与えられるわけですね、まず「1分間330語」を目指せと言われて。その目標を達成するためにラーニング・センターというリーディング訓練センターに入れられました。外国人学生を中心として、普通のアメリカ人学生もいる。リーディングが遅くて授業についていけない学生たちですね。そこは特殊な訓練センターです。

喜多見　そこで、ひたすら読むわけですね？

ヤス　分厚いテキストが置かれていて、「1分間あげるから読めるところまで読め」と言われて、1分間、もう必死で読む。その後、内容に関するテストがあります。その要旨を書いたり、選択式質問がたくさんある。

喜多見　そのスピードだと、ほとんど「フォト・リーディング」（読むというより全体を視覚的につかみ、重要部分だけが意識に残る方式）ですね？

ヤス　そうです、フォト・リーディング。

喜多見　でも、それが先々、役に立ってくるんですね？

ヤス　そうです。内容を読み聞かせると、「ダメ」と言われて、突き返されたり。「速く読むということを、お前はわかってない」と言われました。「速く読むというのは、全部読まないんだ」と。これは情報収集なんだと。

喜多見　大事なところにパッパッと目がいくということですか？

ヤス　そうそう。だから、「基本的な骨子をつかんで、頭の中に整理して収める技術」なんだと言われました。「細部まで味わって読むのは、（速く）読むということではない」と。君は情報収集のしかたをここで学びなさいと、さんざん言われました。

喜多見　そのときの意識状態は、普通と違えないと速く読めないいんですか？

ヤス　いや、訓練すると自然な感じで、普通にバーッと読めるようになります。意識状態には大きく違いはない。

1分間でこちらが集中して読んでいる時、教師が隣でわざとドンドン音を立てたりするんです。そういうノイズがある状態でも、集中して、きちんと内容の要旨をつかまえられるよう。

喜多見　最終的にどこまで速くなりました？

ヤス　1分間330語とか350語くらいで読めるようになりました。朝から晩までこればっかりやっていましたからね。

速く読んで内容把握、速く読んで内容把握の繰り返しで、リーディング漬けでしたから。スパルタの詰め込みです。330～350語読めた時点で普通のクラスに戻れと言われました。

普通のクラスに戻るともう少し高度なことをやっていまして、「明日までにこの本を読んで、骨子をA4の紙1枚にまとめろ」と言われます。

「論理の構造」こそが、一番大切。それがわかれば、どんな話もA4で1枚にまとめられる。

A4で1枚にまとめる場合、内容をあまり理解していないと、すぐにわかってしまいます。「内容の理解」とは何かというと、「何が前提」で「何が結論」なのか、本の「論理の構造」をまるごととらえることだと。

論理の構造を全部とらえたら、A4の紙1枚で十分だというわけです。本というのは、骨子を証明したり、肉付けしたりするページが長いんです。そうした宿題が、2日に1ぺんくらいのペースで出されます。

そして要旨を提出すると、教授にインタビュー型のテストをされて、「どうしてこの著者はこういう結論になったのか?」と聞かれます。

そこで、漠然とした「こう考えているから」という答えは簡単に退けられます。そうではなく、この「作者の信念」から言うと、「この前提から出発」して、「現実はこうだ」と。したがって「そこから導き出された結論」は、こういう論理的な結論になったと言うと、「よしわかった。よく読んでいる」と認められるんです。

喜多見 大学だから、本を読む以外にも、ほかの授業がありますよね？

ヤス 人類学の授業も同じでしたし、すべての授業がそんな感じでした。

喜多見 専攻は、なんだったんですか？

ヤス 「リベラルアーツ」（幅広い基礎教養学科）だったので何を学んでも良かったんです。僕は人類学が好きだったから人類学をよく勉強していました。

喜多見 アメリカにいらしたのは何歳のときですか？

ヤス 僕は2度行っています。最初は親と一緒に小学校3年から中学1年の前半くらいまでですね。

喜多見 その時期は、大きく影響しますね。

ヤス　この時に、語学の基礎を学んだんです。なので、大学時代に留学した時に、ついていけたのだと思います。子どもも英語ながら基礎があったので、大学の詰め込みについていけたんでしょうね。日本人も何名かいましたが、みんな頑張っていました。

喜多見　大学はどちらで。

大学はシカゴに近いノックス大学で地元の有名校です。いずれにせよ、そうした厳しい訓練を体験したので、本を読んでもなにを読んでも、論理的に、頭に浮かぶ「論理構造」でとらえられるようになりました。「情報整理」がとても楽になった。

喜多見　なるほど、「情報整理術」ということもありますね。

ヤス　そうです。当時、彼らが言っていたのは、「論理構造での理解こそが、情報整理なのだ」ということです。

それに加えて大切なのは、「本を自分の関心で読むな」ということです。

「本を読むときに、ここところの部分は関心があると、自分が関心ある部分だけを記憶に残すような読み方ではダメだ」と。

それでは単に、あなたの関心の反映としての本になってしまう。それでは意味がないと。


喜多見　それは、おっしゃるとおりです。私も、よく、そうした読み方をしてしまいます。

少し、情報整理術のところに戻っていいですか？

根本はさっきおっしゃった、A４の紙１枚にまとめられるような「論理構造」が大切ということでしたね。


ヤス　そうです、論理構造です。

すべては、「論理の積み重ね」で構成されています。たとえば、「前提」がこう並んでいて、それから、綺麗に「結論」が導き出されるという「論理の構造」があります。

論理構造には、「上位概念」と「下位概念」の構成もあります。

ここでは、何が上位概念か。上位概念とは、「抽象的な前提を構成している考え方」ですね。

それが上位概念。

そして「下位概念」もある。少し複雑に言うと、「概念はピラミッド型のネットワークでできている」と言えます。その概念のピラミッドを、そのままつかまえろというわけです。

喜多見　今の日本人は、英語教育を小学校から始めているようですが、私の時代でも、中学から大学まで全部で10年です。でも、それだけやっても全然しゃべれない人がたくさんいます。外国人に道を聞かれてもドギマギするという。それが日本の英語教育の現状です。
先ほどお話しになった、1分間に330語などというレベルでは、まったくない。英語でヤスさんレベルに少しでも追いつこうと思ったら、何から始めたらいいですか？

まずは、「日本語で」論理構造を要約するところから始める。そうすると、記事の「読み方」が変わる。

ヤス　一番手っ取り早いのは、僕もこれをずいぶんやったんですが、まず「日本語」でいいので、日経新聞でもなんでも「新聞の社説」を読んで、すぐそれを要約することです。
感覚的な手記とかではダメなんです。この結論になったのは何が前提になっているのかと考える。

喜多見　先ほどの話ですね、構造の。

ヤス　そうそう。論理の構造をつかまえるようにして読む、論理の構造を書いて再現するんです。

喜多見　日本語で。

ヤス　そうです。まずは日本語でやる。そうしていくと、日本語の読み方が変わります。「印象では読まなくなる」。「論理の構造で読む」ようになる。たとえば読んでいて、「あれ、なぜこういう結論になるのか？」と疑問に思うような感性が育ってきます。
待て、この結論が導き出されるとしたら、この前提がなくてはならない。著者はこの前提を説明したのかなと思って読み返すと、「説明してないじゃん」と（笑）。そういうものも、実はたくさんあります。

喜多見　なるほど、日本語でもそれは同じだと。

ヤス　そうです。アメリカの教育者たちに言われたのは、A４の１枚に要約できないような本は、読む価値がないと。

喜多見　なるぼど。でも、さあこれから、頑張ってジャパンタイムズの英文記事を読むぞ、という人もいます。

ヤス　すぐに英語に飛びつくから、いけないのかもしれませんね。なんのために英語を学ぶのか明確にすると、わかりやすいかもしれません。

「情報収集のための英語」なら、日本語からスタートするのが手っ取り早いと思います。日本語で論理の構造をとらえることをトレーニングすることが先です。本やネットの文章には、背後に論理があるんだということです。

社説がいいです。論理構造が露出していますから。

やってみるとわかりますが、苦しい。でも、1か月も続ければ一気に上達しているのが自分でもわかります。論理構造ってこうなのか、これが前提になって、結論がこう出てきている、なるほどなあと全部の骨子が見えてきます。

英語を話すには、「中学生英語」で十分。

喜多見　ヤスさんの英語学習のご本（日本人が「英語ペラペラ」を本当に実現できる本　講談社刊）を買って読ませていただきました。私もまったくそのとおりだと思いますが、英語をしゃべるのには「中学生英語で十分」だと思います。誰かに意志を伝えるのに。

ヤス　そうです、しゃべるのはそれで十分です。英語で話すのは、基本、楽なんです。論理構造なんて考えなくていい。中学1、2年の英語で十分です。その本にも書いたんですが、I have a pen.みたいな中学1、2年くらいの文章に、「But Because And So」の4つの接続詞で、次の文章を結び付ければ、なんでも表現できます。

英語の読解力は、「単語」よりは、「文脈」理解にある。

喜多見 でも政治のことが書いてある英字新聞などを読んでいると、まず出てくる難しい「単語」がわからない。

辞書アプリの「英辞郎」を引くんですけど、途中からだんだん面倒になって、もう、ただ読むだけになってしまうというのが私のパターンです。

そういうところから、どうやって抜け出せばいいんでしょう?

ヤス 単語力は多いに越したことはない。どうしても単語力は必要ですが、でも「意味の読み取りを、単語に依存すると読めなくなります」。文章というのは、常に「文脈」で出来上がっているので。

喜多見 ということは、そのまま読んでしまったほうがいい。

ヤス　そうそう。最初に、論理構造をつかまえるんです。

このパラグラフが前提、これが現実の説明、これが結論のパラグラフ。結論はこれだと。

ところどころ単語がわからないから抜けているでしょうが、そういう全体構造がとらえられると、中身が透けて見えるわけです。

「その後で」必要な単語だけ辞書で引けばいいんです。

喜多見　なるほど。論旨の流れをわかってから、後から辞書を引くんですね？

ヤス　そう、後から引く。なので、「意味の読み取りは単語に依存しない」と思います。

喜多見　私は洋画が好きで、日本語字幕のテクニックもすごいと思うんですが、それはさておき、私は映画で楽しみながら英語を学びました。

1日連続3本とか長く観ていると、頭の中が英語になってきて、映画のセリフの英文構造が頭に飛び込んでくるようになる瞬間があるんです。

耳から英語を聴いていて、目で日本語（字幕）を観るという感覚器官の切り分けが、私にとってはすごく良かった。

映画で英語を覚えるなら、聞きやすい英語の映画を選べ。リアリズム映画は、英語がわかりにくい。

ヤス　映画もいいと思いますよ。映画で英語を覚える場合は、なるべく聴きやすい映画がいいですね。アメリカの映画の流れをみると、1970年前半からリアリズムの世界に入るんです。たとえば、オードリー・ヘップバーンの「ローマの休日」(1953年制作)などは、リアリズムではありません。ハリウッドのお嬢さん、お坊ちゃんが出てきて、なにか役を演ずるみたいな映画ですよね、言ってみれば。

50年代、60年代のハリウッド映画は、「ハリウッド・イングリッシュ」といって、誰にでも聴き取りやすい標準英語をしゃべる、とてもわかりやすい英語なんです。

それが1969年に「イージーライダー」という映画がありましたね。「イージーライダー」から、本格的なリアリズムに入ってきます。

たとえば、ニューヨークに住んでいるアイリッシュのギャングだとか、シカゴにいる黒人の不良少年とか、小さなコミュニティの英語を再現する映画になってきます。全然違った方言を再現する映画になってくる。僕だってわからない言葉がたくさんあります。たとえば、僕らが沖縄の方言をいきなり聞かされるような感じです。

喜多見　なるほど。それに近いと。

ヤス　ですから、そうしたリアリズムを追求した映画を観ると、英語がわかりにくい。英語を学ぶための題材としては不適切です。

喜多見　それより前の映画が聴き取りやすい。

ヤス　そうです。50年代、60年代の映画とか、現代の映画で標準英語をしゃべる俳優たちが出ている映画もいいでしょう。たとえば、クリント・イーストウッドの英語は、とてもわかりやすい。どんな役をやっても標準語なので。

喜多見　インド人が話す英語もわかりにくいですよね（笑）。

ヤス　そうですね。あれは慣れるまで相当時間がかかります。

喜多見　少し前の時代は、イギリス英語とアメリカ英語が今より違っていて、イントネーションやイギリス的発音のために、イギリス英語のほうがわかりにくかった。

でも最近、イギリス英語がアメリカ英語に近づいてきていませんか？

ヤス　イギリスの中でも、ロンドン中心部はそうですね。
でも中心部から離れると、コックニー（Cockney イーストロンドンに住む労働者階級の人たちの昔ながらの発音の英語）とか古いタイプのイギリス英語をしゃべっている人もまだ多いです。年配の方とかも。
でもロンドンの人たちと話すと、ほとんどアメリカ英語と変わらなくなってきました。

情報収集には、人とつながって、情報の裏を取ることも大切。

喜多見　ヤスさんは単にネットから情報を集めているだけでなくて、「人」からも情報を集めていますよね。ネット情報を、人から裏を取るというふうに。人とはどうやってつながっているんですか？

ヤス　たとえば、船井さんのところの講演会で知り合ったニューヨークの金融占星術師であるとか、情報交換ですよね。
お互いの記事を交換するとか。こんな面白い記事あったよ、と送ってくるから、こちらも面白い記事のリンクを送ってあげたり。向こうが送ってくる記事は、なかなかこちらでは発見できないものが多いです。だいたい記事のリンクなんですが、「よくこんな記事を見つけたな」というものが多いんです。そういうものを集めて、裏をとっていく、という感じかな。

喜多見 よくヤスさんの話に出てくる「シンクタンク」。そこから深い話が出てくるじゃないですか。シンクタンクの人々とはどうやって知り合ったんですか？

ヤス 自分の英語の生徒さんだった人もいますし、講演会活動の過程で知り合って友達になった人もいます。
あとは、海外からやってきた講演者と仲良くなったり、紹介してもらった人も。
でも一番多いのは、ネットで流れている、新聞記事やシンクタンクの書いたレポートのリンクを、すごくたくさん、いろいろな人が送ってきてくれるんです。

喜多見 オープンになっているけれど、皆があまり注目していない情報があると。

米国以外の世界各国からの濃い情報も英語で読める。世界のシンクタンク情報は、絶対欠かせない。

ヤス　たとえば、メディアの中でも「ロシアのメディア」が面白い。

喜多見　ヤスさんは、確かにロシアのメディア情報をよくご覧になっていますね。

ヤス　はい、ロシアのメディアは英語で書いてあるメディアもたくさんある。僕の知らなかったロシアのメディアもあって、そういうところのリンクを友人たちが送ってくれる。あとは、中東系のシンクタンクが特別にあるんです。中東に本籍を置く。

喜多見　アルジャジーラじゃないし・・・。

ヤス　あれは西洋的なものですよね。「メリ」（ＭＥＲＩ）という、中東の専門家がやっているシンクタンクがあります。そういうところはレポートを書いて、そのリンクを送ってくる。なるほど、こういうシンクタンクがあるのか、と思ってやはり読みますね。

喜多見　それは英語になっているんですか？

ヤス　ほとんどすべて英語。日本語になっているものは、ほぼ皆無だと思います。英語なら、各国情報が読めるんです。

もうひとつは、ネットラジオ。アメリカでは主要メディアを、もはや誰も信用しなくなっているので、ユーチューブの番組やネットラジオが情報源としてかなり有効です。

喜多見　お勧めの分析家は？

トルコやシリアの深い情報は、この人がお勧め。

ヤス　私が観るのは、インタビュー番組が多いんですが、たとえばトルコの政治情勢を知りたい場合は、大手メディアには出ないトルコの専門家がいるわけです。

そうした隠れた専門家が、ネット番組に出ています。彼らは、主要メディアの価値観に真っ向

中東専門のシンクタンク、「MERI」

から反することを言いますので、マスメディアには出て来ないんですね。

たとえば、トルコ情報に関して面白いと思う人物は、「シベル・エドモンズ」（Sibel Edmonds トルコ系アメリカ人ライター）です。

彼女は元ＦＢＩ通訳（内部告発で退職）で、トルコ語や英語など数か国語が話せます。彼女は、よくネットメディアに出てトルコ情勢を詳しく分析していますが、その情報はかなり正確です。

たとえば、２０１６年のエルドアンを排除しようとしたクーデターも、２か月前に予想。ＣＩＡやＮＡＴＯの深い陰謀が関係する、というその根拠の分析も素晴らしかった。

シベル・エドモンズ

シリアン・ガール

深いシリア情報に関しても同じで、シリアに住んでいる知的水準の高い人たちがたくさんいて、彼らが今どういう状態になっているか、情報を集めて分析レポートを書いていています。
皆に「シリアン・ガール」と呼ばれているシリアの分析レポーターは、かわいい顔をして、とても深いシリアの内部情報を自分で集めて、ユーチューブやロシア・インサイダー（Russia

Insider）などで発表。情報精度も高く、驚かされます。

喜多見 ヤスさんが、よくウォッチしてらっしゃるサイトは、どのあたりでしょう？

大手メディアの嘘を見抜くための、深い探究サイトたち。

ヤス ネットラジオもよく聴きますが、ニュースサイトでは「ロシア・トゥデイ」。ロシアの国営放送で、反米メディアです。

米マスメディアがいかに嘘を流しているかを伝えていて、「これもウソ」と出てくるコメンテーターは皆アメリカ人。彼らは自分のチャンネルをユーチューブ上に持っているので、そういうところをチェックしたり。

もうひとつ、どうしても外せないのが「ザ・セイカー」（The Saker A bird eye view of Vinyard https://thesaker.is/）。反体制の専門家がつくっているページです。セイカーとはハヤブサで、「ブドウ畑を守るハヤブサの眼」というサイト名でたくさんの秀逸な記事を書いています。

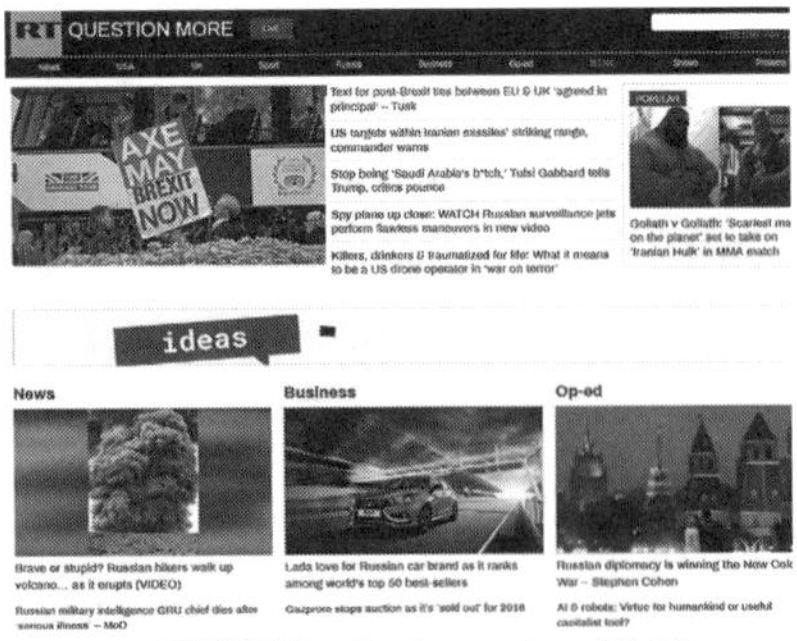

ロシアの国営放送、「ロシア・トゥデイ」

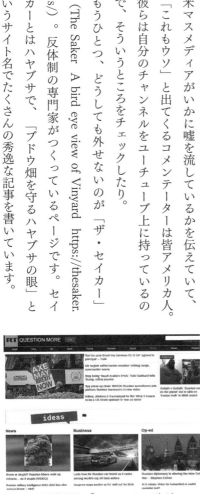

ライターはおそらくロシア出身で、アメリカで教育を受けスイスに住んでいたようですが、現在はアメリカ在住。国連の軍縮機関の査察官だった。もともと彼は軍事評論家で軍事の専門家です。国連に嫌気がさして、そこを辞めています。この人の分析はプロです。ニュースの裏の裏まで読み込んでいる一流の分析者です。

彼は、ネオコンやウォール・ストリートや米エリート勢力にアンチで、出てくる情報のレベルがとても高く、ロシアやシリアの内部情報を知りたければ彼だ、と多くの人に認められています。

これらは基本無料情報で、あくまで情報提供者の意志によって支えられています。最近は、寄付のシステムがどんどんできてきて、たとえば「パトロンズ・コム」（https://www.patreon.com/）というサイトから寄付できます。そのサイトを通して、いい仕事をしているところに直接寄付できる。

ほかにも、シリア情報であれば「サウス・フロント」

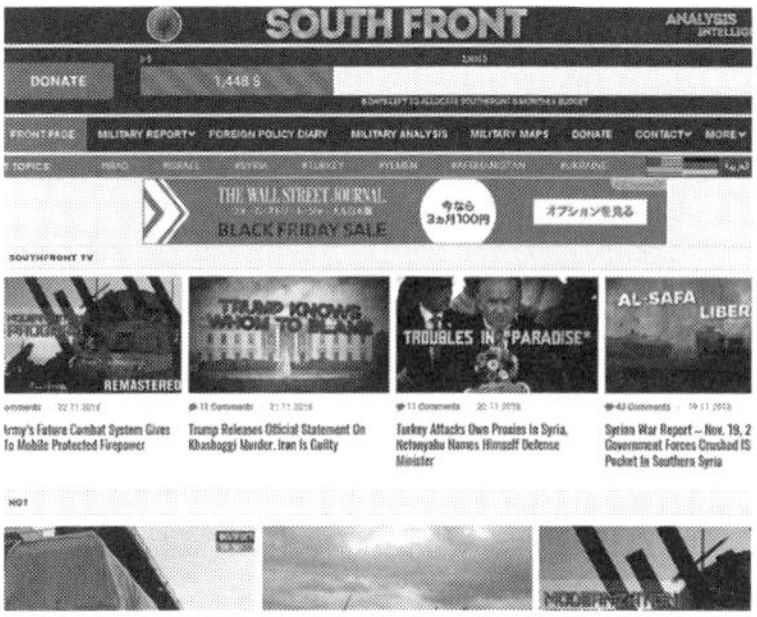

シリア情報の「サウス・フロント」のサイト

「The Saker A bird eye view of Vinyard」のサイト

（South Front https://southfront.org/）というサイトがあって、絶対報道されないシリアの戦闘情報がわかります。シリア人が、シリアの現状を知ってほしいと情報を流しています。あまりにゆがんだ情報が多く流れているからでしょう。

あと僕が使うのは「ブラックストーン・インテリジェンス」（Blackstone Intelligence Network ユーチューブ上）などです。

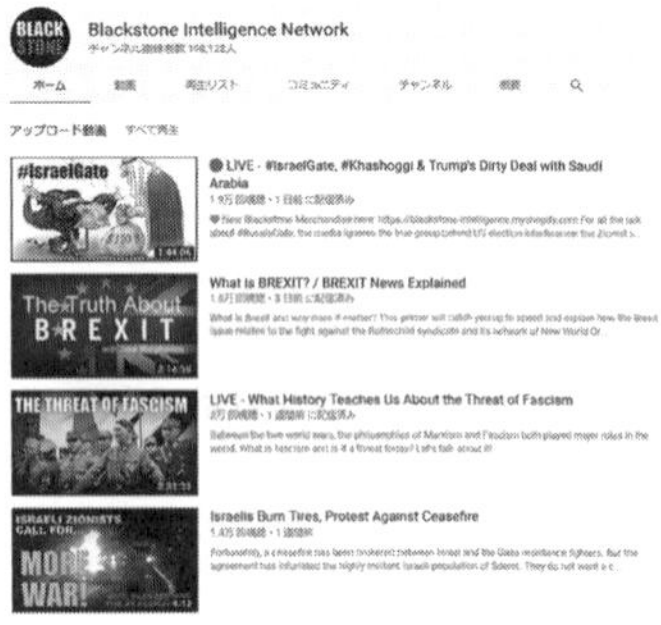

「ブラックストーン・インテリジェンス」のサイト

喜多見　マスメディアでは、おっしゃるようにほとんど深い情報は出てきませんが、時折、ちらっとそれがほの見えるときもあります。

サダム・フセインの愛人が語る、クウェート攻撃の後ろにいる者。

ヤス　先日、ＮＨＫＢＳで放映した、サダム・フセインに関する「アナザーストーリー」は面白かった。サダム・フセインの愛人だったパリソウラ・ランプソスという人がいて、彼女が言うんです。

サダムが1990年にクウェートを攻撃しようとした時、息子が「うちの親父はクレージーだ。クウェートを攻撃しようとしている」と言う。愛人の彼女がサダムに「あなたはなぜクウェートを攻撃しようとしているの？」と聞きます。そうすると彼は「いや、ある人物と約束をしたんだ」と。「それは誰？」と聞くと、「今は言えない」と言ったという。

だから陰謀はある。サダム・フセインに司令している人物がいるんです。

パリソウラ・ランプソス

喜多見　私のまわりにも、陰謀好きは多いです。

陰謀論を好む人たちには、2種類ある。

ヤス　陰謀論愛好家は、確かにいます。

彼らには2通りいて、「本当に真実が知りたい」という人もいる。とにかく真実を知りたいという願望を持っている人たち。真実をどんどん深掘りしていくと、「陰謀論を許容せざるを得ない」という結論にたどり着きます。

たとえば、911を詳しく調査している建築家の集団がいます。「911 Truth Org」911の真実を追求する会といって。3000人くらいのメンバーがいるんですが、彼らの態度がこれですね。

オフィシャルなレポートを読んでも納得いかない。どんどん深掘りしていくと、「これは爆発物を仕掛けた特定の勢力を仮定しないとありえない」とまでいくわけです。

これは最も「健康的な陰謀論」ですよね。

ただ一方、そうではない人たちもいる。

彼らは、「陰謀論をどんどん集めることで世界を知った気になる」人たちで、「人の知らないことを俺は知っている」という優越感を得るとか、傷ついた自分の心を癒す、というタイプ。

ある意味、全能感を味わいたい人たちですね。

喜多見　私たちは、真実の方向へ向かいたいですよね。

おわりに

数多くある本のなかから、本書を選んでいただいてありがとうございます。

私が毎月開催しているイベント、「ヤスの勉強会」の常連である喜多見さんから本書の企画をいただいたのが、今年の夏くらいだったかと思います。インタビューの収録は9月の後半に行われました。好奇心あふれる2人のオヤジの対話といったところでしょうか。私としても、喜多見さんの深い見識と鋭い直感に裏打ちされたインタビューを、心から楽しませていただきました。

トランプが大統領に就任した2017年1月から、世界には予想を越えた変動が起こっています。その力学は、軍事的・経済的覇権の失墜をくい止めるべく、これまでの世界秩序であった自由貿易を捨て、躊躇なく保護主義を実施するトランプ政権の動きに多くの国々が反発し、脱アメリカと多極化を加速する世界の動き、そしてその動きに強く反発して圧力と制裁を強めるトランプ政権の行動といった一連の流れです。この満ち潮と引き潮のように、対立と反動が交差する中で不可抗力が生まれ、予想を越えた出来事が起こる可能性が高くなっているのが、大きな変動の背後にある力学です。

2019年から2020年にかけて、この力学が生み出す変動は一層激しくなり、我々は予想のできない混乱期に突入することでしょう。少なくともその可能性はかなり高いのではないかと思います。この変化は、格差と停滞に悩みながらも相対的に安定している成熟期の日本にも、津波のように押し寄せることでしょう。

そうした波は、私達のような個人も無縁ではありません。これまであまり経験したことのないような変化への適応が迫られるかもしれません。そうした状況では、目の前の変化と、それが引き起こす個々の問題への対応でそれこそ手が一杯の状況になるでしょう。「なんのために自分は生まれてきたのか」という問いが頭をよぎったことがないという人は存在しないでしょう。人生のちょっとした転換があるたびに、私達は人生の意味を考えます。特にこれからやってくる可能性が高い変動の時期では、種々の変化の対応に疲れてしまい、こうした問いにさいなまれるかもしれません。

しかし他方、そうした変化の時期は好奇心が全開となり、生きる力がみなぎる時期でもあると思います。世界の変化する鼓動が私達の生きる呼吸と連動するとき、変化への恐れは、変動の彼岸にある新しい世界の地平を見つめる熱いまなざしへと転換するはずです。そして、そうした新しい地平には、おそらく自分の存在を再定義する新しい意味が忽然と見えてくると思います。

喜多見さんも私も、好奇心で生きているということでは同じ地平に立っています。英語に「You ain't seen nothing yet」というフレーズがあります。これは「お楽しみはこれからだ」という意味ですが、まさに2019年から始まる激動期は、「You ain't seen nothing yet」なのだと思います。

一緒にサーフィンしようではありませんか！

私はメルマガを中心に情報を発信しております。よろしかったらどうぞ。
未来を見る！『ヤスの備忘録』連動メルマガ
https://www.mag2.com/m/P0007731.html

高島康司

高島　康司（たかしま　やすし）

コンサルタント、世界情勢アナリスト
北海道札幌市生まれ。
子ども時代を日米両国で過ごす。早稲田大学卒業。在学中、アメリカ・シカゴ近郊のノックス大学に公費留学。帰国後、教育産業のコンサルティング、異文化コミュニケーションの企業研修などのかたわら、語学書、ビジネス書などを多数著している。世界情勢や経済に関する情勢分析には定評があり、『未来を見る！『ヤスの備忘録』連動メルマガ』で日本では報道されない情報を発信している。毎年多くのセミナーや講演に出演している。経営・情報・教育コンサルタントとしても活躍している。

主な著作は、『2020 年アメリカは分裂する！』『望みなき時代の幸福論』（以上ヴォイス）、『日本人が「英語ペラペラ」を本当に実現できる本』『通じる英語 笑われる英語』（以上講談社）、『なぜ予測をはるかに超えて進むのか』（ヒカルランド）、『きちんと伝える英語』（DHC）、『論理的会話トレーニング』『考える力をつける 知的論理トレーニング』（以上アスカビジネス）、『こんな時はマルクスに聞け』（道出版）ほか多数。

■ヤスの備忘録 歴史と予言のあいだ
http://ytaka2011.blog105.fc2.com/
■未来を見る！『ヤスの備忘録』連動メルマガ　毎週金曜日配信
http://www.mag2.com/m/P0007731.html
■ツイッター
https://twitter.com/ytaka2013/

喜多見　龍一（きたみ　りゅういち）

ヴォイス初代編集主幹。興味の向くまま、魅力的なコンテンツ・ホルダーたちと本を編んできた。『ＢＡＳＨＡＲ２０１７　世界は見えた通りでは、ない』（ダリル・アンカ著）、『黄金のしずく〔ＤＶＤ付〕』（リサ・ロイヤル著）、『ソース』（マイク・マクマナス著）、『驚天動地』（アミット・ゴスワミ著）、『言葉を変えると、人生が変わる　ＮＬＰの言葉の使い方』（クリスティーナ・ホール博士著）など。

高島康司の
未来激変!! 2019 ～ 2024 年

2019 年 2 月 10 日　初版発行

著　者　　　高島康司
編　集　　　喜多見龍一

装幀・DTP　細谷毅（HODO）
校　閲　　　野崎清春

発行者　　大森浩司
発行所　　株式会社 ヴォイス 出版事業部
〒 106-0031 東京都港区西麻布 3-24-17 広瀬ビル
☎ 03-5474-5777（代表）
☎ 03-3408-7473（編集）
FAX 03-5411-1939
http：//www.voice-inc.co.jp/

印刷・製本　株式会社光邦

ISBN978-4-89976-486-1

我々はまだ、裏のアメリカ「オルト・アメリカ」を知らない。 アメリカはすでに内戦状態だ！

決して日本では報道されない隠された真実がここにある
その覇権の終焉とともに戦後 70 年続いたアメリカ中心の世界秩序も終わる！
そして「アメリカ第 2 革命」がはじまる。その時、世界は、日本は、いったいどうなるのか？

2020 年アメリカは分裂する！
高島康司　著
定価：本体 1,800 円＋税
四六判ソフトカバー／ 268 頁
ISBN978-4-89976-474-8

高島康司の既刊本

今のあなたは幸せですか
そもそも幸せって何でしょうか？

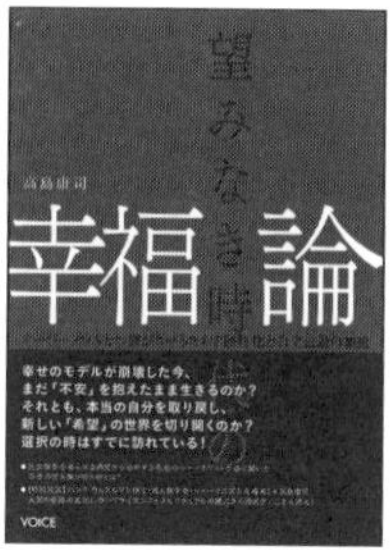

人類学者ハンク・ウェスルマン博士によれば、人類の意識はこれまで４つの大きな時代を経て進化しており、2012 年を境に第５の最終ステップ（新しい精神の時代）に入るため今まさに驚異的な覚醒が進んでいると言います。博士との対談を軸に、今という時代を見据え、新しい時代の幸福感と乗り切るための道を示す。

望みなき時代の幸福論
～オーバーソウルとの繋がりがもたらす個性化と自立意識の加速～

高島康司 著
定価：本体 1,800 円＋税
B6 判ソフトカバー／ 256 頁
ISBN978-4-89976-417-5

巧妙に仕組まれてきた歴史のプロセス。
報道されない新事実。

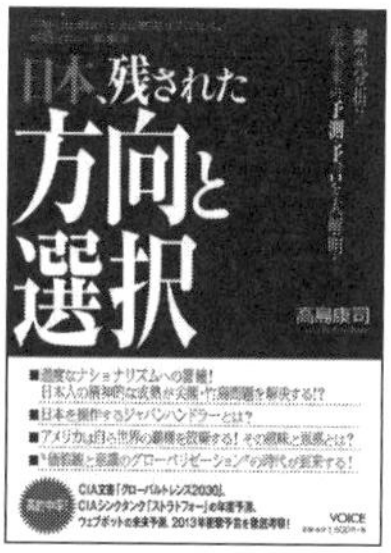

予測や予言、そこには一体どんなルールがあるのだろうか？
長い時間をかけて予測・予言を調べ尽くしてきた高島氏が、そのメカニズムと法則を独自に解明！
今、注目されている社会問題を１つのケースとし、そこから見えてくる、未来を変える要因“社会的断層”と、それが日本にもたらす影響について考察する。

日本、残された方向と選択
～緊急分析！！近未来の予測・予言を大解明！～
高島康司 著
定価：本体 1,600 円＋税
B6 判ソフトカバー／ 256 頁
ISBN978-4-89976-384-0

お求めは、お近くの書店、ブックサービス（0120-29-9625）、または小社 HP へ

喜多見龍一編集本

Bashar30 年目の真実。
喜多見、ロスで直接質問の全記録。
スリリングな「隠されてきた世界の謎」とは？　Bashar× 喜多見龍一

私たちは時空と五感を通じて世界を認識するので、どうしても世界の真実から離れてしまう。目に見えるこの現実は本当か。時間は存在するのか。死と生の真実。歴史は変わらないのかなど、全疑問を喜多見がスリリングに質問した全記録。「世界は見えた通りでは、ない」。

BASHAR2017 世界は見えた通り、ではないバシャールが語る、夢から覚めてありありと見る、世界の「新しい地図」。

ダリル・アンカ／喜多見龍一 著
定価：本体 1,800 円＋税
四六判ソフトカバー／ 240 頁
ISBN978-4-89976-470-0

お求めは、お近くの書店、ブックサービス（0120-29-9625）、または小社 HP へ

私たちの物理世界は「可能性領域」（意識と同義）が創り出したものだった！
アミット・ゴスアミ（量子活動家）× 喜多見龍一

「驚天動地《きょうてんどうち》」の世界の成り立ちをクォンタム（量子）の視点から暴露し、博士が自らクォンタムアクティビスト（量子活動家）と呼ぶ、理想の人間の状態にどう至るか、という具体的な生き方を解く！

驚天動地 クォンタムが解き明かす
「世界の秘密」
アミット・ゴスアミ／喜多見龍一 著
定価：本体 1,800 円＋税
四六判ソフトカバー／ 240 頁
ISBN978-4-89976-430-4

チャネル情報で解き明かす
宇宙起源の人間性格と生命の秘密
私たち生命は、完璧な統合意識「黄金の雫」

私たちの生命は、完璧な統合意識「黄金の湖」の一滴から始まった。

宇宙に起源を持つ私たちの性格の元型、やがて意識を持つようになるＡＩ（人工知能）、密度と次元、全並行現実を体験する湖、スパイラル構造の時間など、生命と世界の秘密に迫る !!

黄金のしずく
～銀河アチューメント＆シリウス・エクササイズＤＶＤ付き。～
リサ・ロイヤル・ホルト／喜多見龍一（質問・編集）
定価：本体 1,800 円＋税
四六判ソフトカバー／ 168 頁／ DVD（約 50 分）
ISBN978-4-89976-460-1

お求めは、お近くの書店、ブックサービス（0120-29-9625）、または小社 HP へ